CANAF, CANMOLAF YR ARGLWYDD

GWEDDÏO

Llawlyfr Defosiwn Wythnosol
1999

ISBN 1-871799-35-X

PRIS—£2.50

Y SWYDDFA GENHADOL
UNDEB YR ANNIBYNWYR CYMRAEG
TŶ JOHN PENRI
11 HEOL SANT HELEN, ABERTAWE

CYFLWYNIAD

Cyhoeddiad sydd wedi ymddangos yn gyson – ers 1956 yn achos yr Annibynwyr – yw'r Llawlyfr Gweddïo, a chyhoeddiad y gwelwyd gwerthu odid pob rhifyn a gyhoeddwyd dros y 41 mlynedd diwethaf. Fel 'Arweiniad Dyddiol i Faes Gweddi' yr ystyrid y rhifynnau cyntaf, ac fe'i defnyddid gan aelodau Cymdeithas Weddi'r Annibynwyr. Amcanion y Gymdeithas honno, yr oedd y diweddar Barchg. R.J. Jones yn gadeirydd iddi, y diweddar Barchg. R.E. Edwards yn ysgrifennydd, a'r Parchg. Glyn Richards yn gyfarwyddwr, (gydag aelodau eraill y Pwyllgor yn cynnwys y Parchgn. Emlyn G. Jenkins, Erastus Jones, E. Stanley John, a'r diweddar Barchgn. E. Curig Davies, Lyn T. Walters, E. Godfrey Davies, R.H. Williams, D.E. Williams, a Ted Lewis Evans) oedd: '1. Cysylltu â'i gilydd bawb yn ein heglwysi sy'n derbyn y cyfrifoldeb Cristionogol o weddïo'n rheolaidd dros Yr Eglwys a'i chenhadaeth, gartref a thramor. 2. Rhoddi yn ddyddiol arweiniad i weddïau ei haelodau. 3. Meithrin gweddigarwch a defosiwn ym mywyd ein heglwysi.' Yr oedd 'Aelodaeth o'r Gymdeithas' yn agored i bawb a addawai 'weddïo'n gyson,' a chymorth i hynny oedd y llawlyfr a gyhoeddid. Gofynnid am gyfraniad blynyddol o swllt a rhoddid y llawlyfr yn rhad 'fel arwydd o aelodaeth.' Barnodd aelodau'r Pwyllgor ym 1965 newid yr arfer gan 'gan nad oedd y trefniant dyddiol yn un derbyniol gan weinidogion yr eglwysi,' ac oddi ar hynny bu'r Llawlyfr Gweddïo'n dilyn trefniant wythnosol.

Bu paratoi'r Llawlyfr Gweddïo yn rhan bwysig o swyddogaeth Swyddfa Genhadol ac Ysgrifenyddion Cenhadol gwahanol yr Annibynwyr, ac yr oedd hynny'n gwbl briodol gan fod gweddi'n gyfrwng pwysig iawn i hybu cenhadaeth yr Eglwys ym mhob cyfnod. Mor fynnych, pan ddychwel cenhadon am seibiant o faes eu llafur, y clywir hwy'n deisyf ar fod i'r eglwysi eu cofio yn eu gweddïau.

Oddi ar y flwyddyn 1980, gwelodd Eglwys Bresbyteraidd Cymru hithau'n dda i ymuno yng nghyhoeddi'r Llawlyfr Gweddïo, gan gyfrannu awduron yn eu tro, a rhannu yn y gwerthiant. Ac mor hyfryd gweld yr unig ddau enwad Cymraeg eu hiaith sy'n perthyn i Gyngor y Genhadaeth Fyd-eang [CWM] yn cydweithio yn y modd yma. Yr arfer bellach yw fod y prif awdur/awduron yn dod bob yn ail flwyddyn o'r naill enwad yn eu tro, ac awduron y gweddïau a gyhoeddir yn yr Atodiad yn dod o'r enwad gwahanol i'r prif awdur.

'Canaf, Canmolaf yr Arglwydd' oedd dewis y Parchg. Gwenda Richards, Porthmadog, a'i phriod, y Parchg. Ddr. Elwyn Richards – a wahoddwyd gan Eglwys Bresbyteraidd Cymru yn brif awduron – fel teitl i'r Llawlyfr Gweddïo hwn ar gyfer 1999. Myfyrdod sydd yma yn seiliedig ar rannau o Lyfr y Salmau. Fel arfer, gwahoddwyd nifer o gyfeillion eraill o blith yr Annibynwyr i baratoi'r gweddïau sydd yn yr Atodiad, sef y Parchgn. Brenig Davies, Bernant Hughes, Dr. Edwin Courtney Lewis, Gareth Evans Rowlands, a Rosan Saunders. Dymunwn ddiolch i bob un ohonynt am dderbyn y gwahoddiad a chyfrannu fel y gwnaethant.

Hyderwn y gwêl unigolion ac eglwysi'n dda i ddefnyddio'r Llawlyfr, i ganu a chanmol yr Arglwydd, a'i gael y tro hwn eto yn gymorth i addoliad cyhoeddus ac i ddefosiwn personol a derbyn bendith o wneud hynny.

Yr wyf yn ddyledus iawn i Mrs. Delyth M. Evans, fy ysgrifenyddes yn y Swyddfa Genhadol, am ei chymorth a'i chefnogaeth gyson hi wrth baratoi'r Llawlyfr; i'm mab, Pryderi Llyr ab Ioan Gruffydd am gynllunio'r clawr; ac i Mr. Elfryn Thomas, a'i gydweithwyr yng Ngwasg John Penri, am eu cymorth a'u gofal arferol gyda'r argraffu. Y mae hefyd lu o gyfeillion ym mhob cwr o Gymru, a thros Glawdd Offa, sy'n barod, flwyddyn ar ôl blwyddyn, i gynorthwyo gyda'r gwerthiant a dwyn y Llawlyfr Gweddïo i sylw'r eglwysi. Diolch iddynt. A diolch i'r rhai sy'n prynu ac yn defnyddio'r llyfr yn flynyddol ac yn cael budd a bendith o wneud hynny.

Hwn yw'r pedwerydd rhifyn ar ddeg o Gweddïo i mi i gael y fraint o'i olygu a'i baratoi, a bu'n fraint cael gwneud hynny. Fy hyder yw y bydd darllen a myfyrio ynddo'n gymorth i bawb ohonom i ganu a chanmol yr Arglwydd, ac y cawn, yn ystod y flwyddyn, ein codi i'r fan
    'Lle mae'r awel fyth yn dyner,
    Lle mae'r wybren fyth yn glir.

IOAN W. GRUFFYDD

Y Swyddfa Genhadol
Ty John Penri
11 Heol Sant Helen
Abertawe SA1 4AL

Yr Awduron

Y Parchg. Brenig Davies

Brodor o Bontiets. Derbyniodd hyfforddiant fel Gweithiwr Cymdeithasol a'i benodi i swydd felly ym 1968. Treuliodd gyfnod yn gwasanaethu yn Nottingham, cyn dychwelyd i Sir Gaerfyrddin. Yn ei swydd bresennol, y mae'n gysylltiedig ag Ysbyty Cefn Coed, Abertawe. Yn ddiweddarach, aeth i Goleg yr Annibynwyr Cymraeg i Aberystwyth i baratoi, drwy'r Cwrs Allanol, ar gyfer y weinidogaeth, ac ym 1997 ordeiniwyd ef yn weinidog eglwysi'r Annibynwyr Cymraeg yn Ebeneser a Brynteg, Gorseinon, a Bethlehem, Cadle.

Y Parchg. Bernant Hughes

Brodor o Ystalyfera. Derbyniodd hyfforddiant fel athro, a bu'n cyflawni'r swydd honno yn Llundain, cyn symud i Ysgol y Wern, Ystalyfera. Cafodd ei benodi'n brifathro Ysgol Gymraeg Castell Nedd ym 1967. Wedi derbyn ymddeoliad cynnar ym 1984, aeth i dderbyn hyfforddiant ar gyfer y weinidogaeth drwy gyfrwng Cwrs Allanol Coleg yr Annibynwyr Cymraeg yn Aberystwyth, ac ordeiniwyd ef yn weinidog eglwys yr Annibynwyr Cymraeg yn y Gurnos, Ystalyfera. Ymddeolodd o'i ofalaeth ym 1998, a symud i fyw i Ruthun.

Y Parchg. Ddr. Edwin Courtney Lewis

Brodor o Langyfelach, ger Abertawe. Ar ôl derbyn hyfforddiant fel athro, a threulio blynyddoedd yn y swydd honno, a dod yn brifathro Ysgol Gymraeg Pont-y-Brenin, Gorseinon, aeth am hyfforddiant pellach drwy'r Cwrs Allanol i Goleg yr Annibynwyr Cymraeg yn Aberystwyth. Ym 1994, derbyniodd alwad i fod yn weinidog Soar, Llanbedr Pont Steffan, Bethel, Parc-y-rhos, Saron, Ffaldybrenin ac Esgairdawe, cyn symud ym 1998 i'w ofalaeth bresennol ym Mheniel, Caerfyrddin, a Bwlch-y-corn.

Y Parchg. Ddr. Elwyn Richards

Brodor o Lanbedrgoch, Sir Fôn. Derbyniodd hyfforddiant ym Mhrifysgol Cymru, Aberystwyth, a'r Coleg Diwinyddol Unedig yno. Derbyniodd alwad ym 1990 i ofalaeth y Presbyteriaid yn Y Garth, Porthmadog, a Seion Cricieth. Rhwng 1996 a 1998, bu'n gyd-weinidog gyda'i briod, Y Parchg. Gwenda Richards, yng Nghapel y Porth, Porthmadog, cyn ei benodi i'w swydd bresennol yn Athro yn y Coleg Diwinyddol Unedig, yn Aberystwyth.

Y Parchg. Gwenda Richards

Brodor o Gaernarfon. Cafodd ei hyfforddi'n athrawes, a bu'n cyflawni'r swydd honno am rai blynyddoedd yng Nghaernarfon. Yn dilyn hyfforddiant pellach yng Ngholeg Diwinyddol Unedig y Presbyteriaid yn Aberystwyth, derbyniodd alwad ym 1987 i ofalaeth eglwys y Tabernacl, Porthmadog. Oddi ar 1996, bu'n gyd-weinidog â'i phriod, y Parchg. Ddr. Elwyn Richards, yng Nghapel y Porth, Porthmadog.

Y Parchg. Gareth Evans Rowlands

Brodor o Lan Ffestiniog. Derbyniodd hyfforddiant mewn garddwriaeth yng Ngholeg Garddwriaeth Cymru yn Llaneurgain. Treuliodd rai blynyddoedd yn Sir Fôn yn hyfforddi pobl o dan anfantais meddyliol mewn garddwriaeth dan nawdd y Gwasanaethau Cymdeithasol. Yna aeth i Goleg yr Annibynwyr Cymraeg i Aberystwyth i'w hyfforddi ar gyfer y weinidogaeth. Ym 1995, ordeiniwyd ef yn weinidog eglwysi'r Annibynwyr Cymraeg yn Soar, Llanbadarnfawr, Noddfa, Bow Street, Y Morfa, Borth, a Salem, Coedgruffydd.

Y Parchg. Rosan Saunders
Brodor o Rydaman, lle'r oedd ei thad, Y Parchg. W.T. Ronald Walters, yn weinidog. Treuliodd nifer o flynyddoedd yn gweithio mewn banc, ac wedi hynny'n gwasanaethu Mudiad Ysgolion Meithrin, Urdd Gobaith Cymru a Chymorth Cristnogol. Derbyniodd hyfforddiant pellach drwy gyfrwng Cynllun Allanol Coleg yr Annibynwyr Cymraeg, Aberystwyth, a derbyn galwad i fod yn weinidog Y Tabernacl, Ffairfach, ger Llandeilo, Seilo, Pen-y-banc, a Saron, Llanarthne.

CYNNWYS

Ionawr
   3 Ffordd y Bywyd — 8
10 Canaf, canmolaf yr Arglwydd — 9
17 Gweld ein cyflwr — 10
24 Cyfraith yr Arglwydd — 11
31 Iesu'n ddigon — 12

Chwefror
   7 Sancteiddrwydd Duw — 13
14 Teulu Duw — 14
21 Glynu wrth Iesu — 15
28 Gŵyl Ddewi – Gair y Bywyd — 16

Mawrth
   7 Ymgysegru — 17
14 Sul y Mamau – Mam dda — 18
21 Sul y Dioddefaint – Fy Nuw, pam? — 19
28 Sul y Blodau – Adnabod Iesu Grist — 20

Ebrill
   4 Sul y Pasg – Cyfododd! — 21
11 Un waith oedd ddigon — 22
18 Rhoi esiampl — 23
25 Mawredd Duw — 24

Mai
   2 Blodau hyfryd — 25
   9 Sul Cymorth Cristnogol –
      Lle i enaid gael llonydd — 26
16 Adnabod Duw a chyd-ddyn — 27
23 Y Sulgwyn – Grym yr Ysbryd — 28
30 Tystion i Iesu — 29

Mehefin
   6 Cynhaliaeth Duw — 30
13 Dangos y ffordd — 31
20 Llawenydd yn y gwaith — 32
27 Ymdebygu i Grist — 33

Gorffennaf
   4 Mentro'r cwbl — 34
11 Cuddio'r haul — 35
18 Goleuni Crist — 36
25 Ffydd yn Nuw — 37

Awst
   1 Hiraeth am Dduw — 38
   8 Gwrando'r Gair — 39
15 Cwmni Duw — 40
22 Ffynnon Bendith — 41
29 Duw yn galw — 42

Medi
   5 Darostwng y gelyn — 43
12 Dal i gredu — 44
19 Gofal Duw — 45
26 Un byd, un Arglwydd — 46

Hydref	3 Cymorth Duw	47
	10 Gweddi a mawl	48
	17 Diolchgarwch	49
	24 Gogoniant Duw a dyn	50
	31 Cwmni'r Bugai	51
Tachwedd	7 Profiad o Dduw	52
	14 Bara'r Bywyd	53
	21 Brenhiniaeth Duw	54
	28 Disgwyl wrth Dduw	55
Rhagfyr	5 Llusern i'm traed	56
	12 Ailddarganfod y Nadolig	57
	19 Y Nadolig – Adnabod y gwirionedd	58
	26 Gweddi am undod	59

ATODIAD GWEDDIAU

Gweddi dros lwyddiant pregethu'r Gair	62
Gweddi dros yr Eglwys yn nydd y gwrthgiliad	64
Gweddi dros y rhai sy'n dioddef	66
Gweddi dros y rhai sydd yng ngwasanaeth yr Efengyl	68
Gweddi dros yr ifanc a'r Efengyl	70

Ionawr 3: FFORDD Y BYWYD

Ioan 14:1-14

*Edrych a wyf ar ffordd a fydd yn loes i mi,
Ac arwain fi yn y ffordd dragwyddol.* (Salm 139:24)

Gweddi o enau'r Salmydd yw hon yn erfyn am arweiniad a gofal Duw holl ddyddiau ei fywyd. Cawn y Salmydd yn disgrifio hollalluogrwydd yr Arglwydd, a'r modd y cafodd ei greu ganddo a'i gynnal wedyn, ac fel y bu iddo'i adnabod a'i ddilyn. Ceir rhyw ryfeddod annirnad yn gwau drwyddi, ac wedi'r disgrifio byrlymus a'r rhyfeddu try'r rhethreg yn weddi ddwys.

Y mae sawl ffordd yn wynebu'r teithiwr ar daith bywyd, ambell un yn arwain i ddistryw ac anobaith ac un arall yn arwain i fywyd, a'n tasg ni oll ar ddechrau blwyddyn newydd yw dewis yn gywir. Trosglwyddo'r cyfrifoldeb i Dduw a wna'r Salmydd gan ddisgwyl iddo ef ei chwilio a'i gyfarwyddo. Mor hawdd, er hynny, yw anghofio na all Duw weithredu heb ein cydweithrediad ni, ac na all ein beirniadu heb ein hunanfeirniadaeth ni, na'n cyfarwyddo heb ein cydsyniad ni. Onid yw gweddi Elfed yn debyg i eiddo'r Salmydd:

> Arglwydd Iesu, dysg im gerdded
> Trwy y byd yn ôl dy droed;
> 'Chollodd neb y ffordd i'r nefoedd
> Wrth dy ganlyn Di erioed:
> Mae yn olau
> Ond cael gweld dy wyneb Di.

Gweddïwn:
Arglwydd, fe'th geisiwn a chlodforwn dy enw gan wybod mai Ti yn unig sy'n abl i'n cyfarwyddo ar daith bywyd. Buost yn dŵr ac yn graig i ni yn y gorffennol, a gwyddom y byddi eto yn nerth a chynhaliaeth i'r sawl a eilw ar dy enw. Erfyniwn arnat i faddau inni ein holl feiau, oherwydd ein dymuniad ar ddechrau blwyddyn yw ymgysegru o'r newydd i ti a'th geisio'n wastadol;

> Ar fy ngyrfa dysg i'm weithio
> Gwaith y nef wrth olau ffydd,
> Nes im ddyfod yn gyfarwydd
> Â gorchwylion gwlad y dydd;
> Dysgu'r anthem
> Cyn cael telyn yn y côr.

Cynorthwya ni, Arglwydd, yn dy waith a chadw ni yn dy gariad. Er mwyn Iesu Grist. Amen.

Ionawr 10: CANAF, CANMOLAF YR ARGLWYDD

Marc 14:12-26

*Ac yn awr, fe gyfyd fy mhen goruwch fy ngelynion o'm hamgylch;
ac offrymaf innau yn ei deml aberthau llawn gorfoledd:
canaf, canmolaf yr Arglwydd.* (Salm 27:6)

Cofiai'r Iddew bob amser am fendithion yr Arglwydd, a gwelwn ef yn aml yng nghanol argyfwng yn troi at fwrdd y wledd ac yn bwyta o gig yr offrwm. Onid yw pobl yr Arglwydd wedi dathlu ar hyd yr oesoedd a hynny wyneb yn wyneb â pherygl a breuder einioes?

Ein tuedd yw credu na fu hi erioed cynddrwg ar unrhyw grefyddwyr â'r hyn yw hi arnom ni, a thrwy hynny anghofio y bu i amgylchiadau dyrys ac anodd bwyso ar bob cyfnod. Ni allwn osgoi baich angau sydd ar y ddynoliaeth gyfan, a beth bynnag fo'n sefyllfa fel crefyddwyr, hyd yn oed pan fo haul braf llwyddiant yn gwenu arnom, rhaid fydd wynebu hwn.

Clywais rhywun unwaith yn cyfeirio at wraig a geisiai drefnu angladd ei phriod, a'r trefnwr angladdau yn ei hysbysu na allai gynnal yr oedfa yn yr amlosga am o leiaf wythnos. Ymatebodd hithau trwy ofyn iddo gysylltu â hi pe digwyddai rhywun ganslo gwasanaeth! Ni all neb ohonom ddianc rhag ofnau na chanslo gofidiau yn y byd hwn! Ond gallwn, er hynny, ddathlu fel y Salmydd am inni dderbyn addewid a sicrwydd a thangnefedd.

Gweddïwn:
Diolchwn i Ti, Arglwydd, am sicrwydd dy bresenoldeb ac am fendith dy gwmni. Mewn gwynfyd a gwae, mewn tristwch a llawenydd, gallwn ymddiried ynot a chredu yn dy addewidion. Gwyddom iti ddarparu'n helaeth ar ein cyfer a thywallt bendithion dirifedi arnom yn feunyddiol. Maddau inni, Dad nefol, am ganiatau i ansicrwydd a digalondid ein rhwystro rhag gwerthfawrogi dy haelioni a'n harwain, ar adegau, i gors anobaith. Yn ein gwendid cynnal ni ;

Nesâ at fy enaid, Waredwr y tlawd;
Datguddia dy Hunan dy fod imi'n Frawd:
Prydferthwch fy mywyd a'i nerth ydwyt Ti,
A phrofi o'th gariad sy'n nefoedd i mi.

Rho im dy arweiniad i derfyn fy oes,
Mewn hedd a dedwyddwch, dan gystudd a chroes:
Yn sŵn yr Iorddonen, yn nyfnder ei lli,
A phawb wedi cefnu, nesâ ataf fi. *(R.H. Watkins)*
Amen.

Ionawr 17: GWELD EIN CYFLWR

Luc 15:11-32

*Gelwais arnat ti, Arglwydd,
ac ymbiliais ar fy Arglwydd am drugaredd.* (Salm 30:8)

Rhyfeddod mawr y greadigaeth yw cyfoeth ei hamrywiaeth, oherwydd y mae pob peth byw yn hollol unigryw. Tra bod peiriannau soffistigedig yr ugeinfed ganrif yn ceisio gwneud nwyddau sy'n berffaith ac yn union yr un fath â'i gilydd, creodd Duw bawb a phopeth yn wahanol.

Gwerthir llestri neu ddillad amherffaith am bris gostyngol, ond nid yw amherffeithrwydd dyn yn amharu dim ar ei werth yng ngolwg Duw. Y gamp fawr i ddyn yw adnabod ei gyflwr, a chydnabod ei amherffeithrwydd! Y mae stamp neu ddarn arian amherffaith yn werthfawr i'r casglwr, yn wir, y mae unrhyw beth gwallus sydd â stamp y brenin neu'r frenhines arno'n werthfawr. Onid yw hynny'n wir am ddyn yn ogystal? Er gwaethaf ei holl wendidau yr oedd y mab ieuengaf yn werthfawr yng ngolwg ei dad, ac ni welwyd erioed y fath lawenydd ag a brofwyd pan ddychwelodd y mab adref o'r wlad bell. Yr oedd y bachgen wedi sylweddoli ei gyflwr ac wedi edifarhau am ei holl anwireddau. Dyma'r man cychwyn i bob dyn, sef gosod Iesu Grist yn safon, a gweld pa mor annhebyg iddo ydyw. Gweld ei angen a wna'r Salmydd yma, a diolch i Dduw am waredigaeth.

Gweddïwn:
Arglwydd, plygwn ger dy fron yn awr gan gydnabod ein dibyniaeth arnat. Gwyddom mai ofer yw i ni geisio cuddio dim oddi wrthyt gan dy fod yn ein hadnabod mor dda ac yn gwybod y cyfan amdanom. Gwyddost am ein holl wendidau ac rwyt yn ymwybodol o'n anghenion dyfnaf. Tostria wrthym, Dad nefol, ac arwain ni i obeithio ynot.

Yn ein gwendid, cryfha ni.
Yn ein hansicrwydd, cyfarwydda ni.
Yn ein methiant, cynnal ni.

Yn enw Iesu Grist. Amen.

Ionawr 24: CYFRAITH YR ARGLWYDD

Mathew 5; Ioan 13:31-35

Y mae cyfraith yr Arglwydd yn berffaith. (Salm 19:7)

Y gyfraith, yn ôl y meddwl Hebreig, oedd y man cyswllt rhwng dyn a Duw, ac roedd ei chynnwys yn ymgorfforiad o ewyllys Duw. Yr oedd crefydd yr Iddew yn grefydd fyw, a'r Duw a roddodd y ddeddf i Moses oedd yr un a ddygodd y genedl allan o gaethiwed yr Aifft. Canllawiau oedd y gorchymynion i gadw dynion mewn iawn berthynas â Duw ac â'i gilydd. Credid fod Duw ei hun yn ei gyfraith ac mai'r modd i ddod i berthynas fyw ag ef oedd drwy gyflawni ei ewyllys. Ac oni chredwn o hyd mai ar lwybr ufudd-dod y tyfwn ninnau mewn perthynas â'r Arglwydd?

Y mae'r Duw sy'n wrthrych moliant i'r Salmydd a'r Duw a adwaenwn ni fel Tad ein Harglwydd Iesu Grist yn disgwyl i ni gadw ei orchymynion. Cofiwn eiriau Iesu Grist yn efengyl Ioan:

> Yr wyf yn rhoi i chwi orchymyn newydd: carwch eich gilydd. . . Os bydd gennych gariad at eich gilydd, wrth hynny bydd pawb yn gwybod mai disgyblion i mi ydych. (Ioan 13: 34-35)

Gweddïwn:
Clodforwn Di, Arglwydd, am i Ti ein cyfarwyddo ar hyd ffordd bywyd. 'Myfi yw'r ffordd,' meddai Iesu Grist, a diolchwn am i Ti, trwyddo ef, agor y pyrth led y pen a chynnig y ffordd dra rhagorol i bawb ohonom. Ein dymuniad yw ei throedio'n feunyddiol gan fyw yn ufudd i'th orchymynion, er mwyn prysuro'r dydd pryd y deled dy deyrnas ac y gwneler dy ewyllys ar y ddaear. Arwain ni i well adnabyddiaeth ohonot Ti. Gofynnwn hyn yn enw Iesu Grist. Amen.

Ionawr 31: IESU'N DDIGON

2 Corinthiaid 9:6-13

Yr Arglwydd yw fy mugail, ni bydd eisiau arnaf. (Salm 23:1)

'Digon' meddai rhywun, 'yw dipyn bach mwy na'r hyn sydd eisoes yn fy meddiant', gan awgrymu nad oes fyth ddigon i'w gael. Teitl un o gyfrolau Harold Kushner yw 'When All You've Ever Wanted Isn't Enough', a dyna'n sicr brofiad sawl un yn y byd sydd ohoni. Gall dyn lwgu wrth ben ei ddigon, neu fod ar ben ei ddigon ar ychydig. Onid yw gwynfyd y Salmydd yn destun eiddigedd pan ddywed iddo fod yn berffaith ddedwydd yng nghwmni Duw, ei fugail?

Dyna fu profiad Y Fam Teresa, hithau, y wraig fach eiddil a digymrodedd honno a heriodd y byd â gweledigaeth efengyl Iesu Grist. Ni feddai ond dwy sari râd a phwced i ymolchi ynddi, ac eto roedd hi'n gyfoethog yn y pethau hynny yr hoffem, bawb, eu cael. Dyma'r pethau na all y byd eu dwyn oddi arnom na rhoi gwerth arnynt, sef gofal a chariad a thangnefedd. Daw bendithion dirifedi i'n rhan yn feunyddiol, ond yn ein deunydd ohonynt y saif cyfrinach ein dedwyddwch.

Gweddïwn:
Dduw ein Tad diolchwn i Ti am y pethau hynny sy'n gwneud bywyd yn werth ei fyw; cariad teulu a chyfeillion a chyfeillgarwch rhai sydd yn ein hadnabod mor dda ac sy'n fodlon cyd-ymddwyn â ni ar daith bywyd. Wrth roddi diolch i Ti cydnabyddwn hefyd ein dyled i'n gilydd a'r fraint a gawn o fyw mewn byd mor hardd;

> Am brydferthwch daear lawr,
>   Am brydferthwch rhod y nen,
> Am y cariad rhad bob awr
>   Sydd o'n cylch ac uwch ein pen,
> O! Dduw graslon, dygwn ni
> Aberth mawl i'th enw Di.
>
> *(cyf. John Morris Jones o emyn F.S. Pierpoint.)*

Diolchwn i Ti, Arglwydd, am y bobl hynny a'n dysgodd ni drwy eu bywyd a'u gwaith beth yw gwerth cariad. Rhai a brofodd a hwythau uwchben eu digon ryw angen na allai pethau daear ei fodloni, a rhai nad oedd nemor ddim ganddynt a ddangosodd i'r byd ystyr gwir ddedwyddwch.

Ein Tad gad i ni ym mhob peth dy geisio a hynny gan wybod na fyddwn byth yn fodlon heb dy gael. Amen

Chwefror 7: SANCTEIDDRWYDD DUW

Mathew 17: 1-13

Sanctaidd yw ef. (Salm 99:3)

Mewn oes sydd mor llawn o'r cyffredin a'r cyfarwydd, onid oes perygl inni ystyried Duw hefyd fel un ymysg amryw, ac anghofio ei fod yn fwy na ni ac yn wahanol i ni? Yn y Beibl, pethau wedi eu gosod ar wahân i ddibenion arbennig yw pethau sanctaidd, ac mae'r pwyslais ar sancteiddrwydd Duw yn tanlinellu ei gysegredigrwydd. Trwy addoliad a gweddi, myfyrdod a gwasanaeth, deuai sancteiddrwydd Duw yn brofiad byw i'r Iddew.

Ni all neb fyw yn iawn heb fod ganddo ryw ymdeimlad o'r cysegredig a'r sanctaidd. Gesyd y Salmydd sancteiddrwydd Duw ochr yn ochr â'n methiant ni, gan gredu y gall ei fawredd ef ennyn ymateb ynom.

Gweddïwn:
Diolchwn i Ti, Arglwydd, am sicrwyddd dy bresenoldeb.
Ar y stryd neu gartref ar yr aelwyd,
mewn ffair a chyngerdd,
neu mewn gwaith a hamdden,
yr wyt Ti gyda ni.

Diolchwn yn arbennig am y mannau hynny sydd wedi eu neilltuo er mwyn i ni fod yn ymwybodol o'th bresenoldeb ac am bopeth sy'n ein hatgoffa ohonot:
Am bob capel ac eglwys,
am sain organ a lliwiau ffenestri,
am bob peth sy'n gymorth i ni i nesau atat
ac ymdeimlo â'th sancteiddrwydd,
diolchwn i Ti.

Clodforwn Di, Arglwydd,
oherwydd sanctaidd wyt Ti. Amen.

Chwefror 14: TEULU DUW

2 Timotheus 1

Mor dda ac mor ddymunol yw i frodyr fyw'n gytun . . .
Y mae fel gwlith Hermon yn disgyn i lawr ar fryniau Seion . . .
(Salm 133:1-3)

Bwriad y Salmydd yma yw pwysleisio pwysigrwydd a phrydferthwch byw yn gytun oddi mewn i gylch y teulu. Er mai siarad yn ffigurol a wna'r bardd a'i fod yn gwybod na fyddai'n ddaearyddol bosibl i wlith Hermon gyrraedd Jerwsalem, gwyddai'n dda am fendith y gwlith ar fynydd Seion yn dilyn gwres tanbaid haul canol dydd. Byddai'r gwlybaniaeth ysgafn ar y bryniau yn deffro'r tir ac ar yr un pryd yn creu tapestri digyffelyb o liwiau ar y llethrau. Felly hefyd brydferthwch y fendith i gymdeithas pan fo pobl yr Arglwydd mewn cytgord â'i gilydd.

Y mae yn fy meddiant *'Lyfr Addoliad Teuluaidd'* a gyhoeddwyd ym 1926. Bwriad yr awduron, yn ôl y rhagair oedd '. . . paratoi llyfr bychan o weddïau, i fod yn gymorth i deuluoedd nesau at yr Arglwydd ar eu haelwydydd,' oherwydd teimlent, 'mai un o achosion y dirywiad crefyddol a welir yn ein gwlad yw nad oes bellach Allor i Dduw ar doreth ein haelwydydd.' Arferid 'cynnal dyletswydd' ar nifer o aelwydydd Cymru ddwywaith y dydd, pryd deuai pob aelod o'r teulu at ei gilydd i weddïo ac i ddarllen yr ysgrythur. Dichon yr ystyrid gwneud hynny'n hen ffasiwn heddiw, ac mai ychydig fo'r nifer a deimlai'n gartrefol wrth weddïo yng nghwmni aelodau eraill o'r teulu. Ni allaf lai na chredu, er hynny, mai da o beth fyddai i fwy o deuluoedd ymarfer gweddi a defosiwn ar yr aelwyd.

Gweddïwn:

'Nesawn atat Ti, Arglwydd Dduw Abraham, Isaac a Jacob, a Duw holl deuluoedd tŷ Israel. Erfyniwn arnat i aros yn Dduw i deuluoedd ein gwlad a'n hoes ninnau. Diolchwn i Ti fod addewid gyfoethog dy ras i'n tadau yn parhau i'w plant hwy ac i blant eu plant. Dy addewidion gwerthfawr yw ein gobaith ni. Yn dy diriondeb, drugarog Dad, cofia blant ein heglwys a phlant ein gwlad, gartref ac oddi cartref. Erfyniwn am dy nawdd tirion drostynt ar dir ac ar fôr, mewn ysgol ac mewn coleg, ac yn amrywiol alwedigaethau bywyd. Yn dy amser da dy hun caniata eu dwyn hwy i'th adnabod Di nid yn unig fel Duw eu tadau, ond hefyd fel y Duw sydd iddynt hwythau yn rhan ac yn etifeddiaeth.

Arwain ni heddiw â'th gyngor. Clyw ein herfyniadau, er mwyn Iesu Grist, i'r hwn y byddo'r gogoniant yn oes oesoedd. Amen.'
Llyfr Addoliad Teuluaidd (1926) t 9.

Chwefror 21: GLYNU WRTH IESU

Luc 4:1-13

Rho inni gymorth rhag y gelyn . . . (Salm 108:12)

Efallai mai un o gamsyniadau mwyaf ein gwareiddiad bellach yw credu y dylai bywyd fod yn hawdd ac mai ei bennaf nôd yw hapusrwydd. Ond y mae bywyd, gan amlaf, yn llawn rhwystrau ac ofnau, a sylweddolodd Iesu Grist ei hun ar ddechrau ei weinidogaeth fod temtasiwn yn rym gwirioneddol. Fe'i heriwyd yn yr anialwch gan y diafol i droi cerrig yn fara, i feddiannu holl deyrnasoedd y byd ac i ennill poblogrwydd rhad drwy brofi Duw. Gwrthod y temtiwr a wnaeth Iesu, gan ymlynu wrth ei Dad, a hynny hyd yn oed pan nad oedd ei ddisgyblion yn barod i'w ddilyn. Yng Ngardd Gethsemane, o flaen Peilat a Herod, ac ar y Groes parhaodd yn ffyddlon i'w Dad, ac mae ei lais yn erfyn am faddeuant i'w ddienyddwyr yn diasbedain dros y canrifoedd.

Ond beth amdanom ni? Ni fydd disgwyl inni wynebu na Herod na Pheilat, ac eto, daw problemau bach a mawr i'n poeni'n feunyddiol. Wyneb yn wyneb â digalondid a diflastod a phroblemau'r byd cyfoes, y mae'n rhaid i ninnau wrth ryw argyhoeddiad a bery inni ddyfalbarhau a goddiweddyd y rhwystrau.

Dywedodd rhywun fod gan y diafol amryw byd o gynlluniau i geisio drysu a llesteirio pobl Dduw. Methodd y mwyaf uchelgeisiol a'r peryclaf ohonynt ar Galfaria, ond y mae ganddo o hyd gynlluniau llai. Tybed a ganiteir iddo weithredu y cynlluniau hynny oherwydd ein diffyg ymlyniad ni?

Gweddïwn:
Yng nghanol pob ofn a dryswch, Arglwydd, arwain ni.
Pan fydd y nos yn hir a'r cysgodion yn ddychryn, goleua'r ffordd inni.
Wrth i broblemau'r dydd bentyrru ac i fygythion yfory ein llethu, cynnal ni.
Pan fydd digalondid a diflastod yn dwyn oddi arnom bleserau'r dydd, adfywha ni.
Cadw ni yn sicrwydd dy gariad. Amen.

Chwefror 28: Gŵyl Ddewi. GAIR Y BYWYD

Ecclesiasticws 44; Hebreaid 1:1-4

Onibai i'r Arglwydd fod o'n tu . . . pan gododd dynion yn ein herbyn, Byddent wedi'n llyncu'n fyw . . . (Salm 124:1-2)

'Wn i ddim,' meddai rhyw wraig wrthyf beth amser yn ôl, a'i gŵr yn wael yn yr ysbyty, 'wn i ddim sut mae pobol yn byw heb grefydd'. Onid dyna hefyd oedd profiad y Salmydd; 'Onibai i'r Arglwydd fod o'n tu . . .'

Teg gofyn beth fyddai hanes Cymru heddiw petai'r Arglwydd heb fod o'i thu hithau? Beth fyddai hanes ein iaith a'n diwylliant, ein gwerthoedd a'n hegwyddorion, a beth fyddai hanes pob un ohonom ninnau heb efengyl Iesu Grist? Beth fyddai'n hanes heb y dylanwadau a'r personoliaethau a'n ffurfiodd fel pobl? Does ryfedd i'r Salmydd ddatgan ar ddiwedd ei gân:

Ein cymorth sydd yn enw'r Arglwydd,
Creawdwr nefoedd a daear.

Dywedir am John Calfin na fyddai byth yn blino dechrau pob oedfa â'r adnod hon. Pam hynny tybed? Onid am fod ei galon yn llawn o ddiolchgarwch, ac nid oes fyth ddiolchgarwch nad yw'n barod i dorri allan mewn mawl. Gwilym R.Tilsley biau'r pennill:

> Mawl i Dduw am air y bywyd,
>   Gair y nef yn iaith y llawr,
> Gair y cerydd a'r gorchymyn,
>   Gair yr addewidion mawr;
> Gair i'r cadarn yn ei afiaith,
>   Gair i'r egwan dan ei bwn,
> Cafodd cenedlaethau daear
>   Olau ffydd yng ngeiriau hwn.

Gweddïwn:
Wrth gofio am Ddewi Sant diolchwn i Ti, Arglwydd, am holl gyfoeth ein hetifeddiaeth fel cenedl. Gallwn ymhyfrydu yn ein gorffennol a chlodfori ein gwŷr enwog gynt gan gofio mai dy roddion Di oeddynt, bob un. Arwain ni, Dad nefol, i gamu ymlaen yn hyderus i'r dyfodol gyda gorau'r gorffennol yn sylfaen gref i adeiladu arni. Er gwaethaf pob cilio a methiant o'n heiddo, tywys ni eto, Arglwydd, i'th ogoniant. Amen.

Mawrth 7: YMGYSEGRU

2 Timotheus 2

Casglwch ataf fy ffyddloniaid, a wnaeth gyfamod â mi trwy aberth.
(Salm 50:5)

Y mae Duw o hyd yn galw ei bobl i ymgysegru iddo. Cofiwn emyn Pedr Fardd:

> Cysegrwn flaenffrwyth ddyddiau'n hoes
> I garu'r hwn fu ar y groes;
> Mae mwy o bleser yn ei waith
> Na dim a fedd y ddaear faith.

Ymgysegriad ddaw â llawenydd i fywyd y Cristion gan beri i'w waith fod yn fwy nag ymdrech llafur. Efallai mai un o broblemau mawr ein crefydd ni bellach yw bod pleser wedi diflannu ohono a bod y gair 'dyletswydd' yn amlach ar ein gwefus na'r gair 'braint', wrth i faich gofalon bwyso'n drwm arnom. Dywed y Beibl wrthym, fodd bynnag, mai ymgysegriad yn unig all rwystro gofal rhag mynd yn faich.

Pan âi y dyrfa'n dreth ar Iesu Grist, enciliai i'r unigedd i adnewyddu ei berthynas â'i Dad. Yr unig ffordd i ninnau adfywhau ein bywyd yw encilio i syllu arno Ef yn syllu arnom ni.

Gweddïwn:
Yn y distawrwydd, Arglwydd, arwain ni atat.
Gwyddom dy fod gyda ni ar bob awr o'r dydd, ac nad wyt fyth yn ein anghofio, a diolchwn i Ti am dy ffyddlondeb inni a'th ofal ohonom.
Maddau inni ein crwydriadau, Arglwydd, a'n tuedd i'th anwybyddu. Arwain ni yn awr i ganol sancteiddrwydd dy bresenoldeb, i'th weld o'r newydd ac i fwynhau dy gwmni.
Côd ein golygon i syllu ar ogoniant Iesu Grist. Amen.

Mawrth 14: Sul y Mamau. MAM DDA.

Diarhebion 31:10-31; 1 Corinthiaid. 13

Ond yr wyf wedi tawelu a distewi fy enaid,
fel plentyn ar fron ei fam;
fel plentyn y mae fy enaid. (Salm 131:2)

Mynegiant o hyder ac ymddiriedaeth yn Nuw sydd yn y salm hon. Gallwn ddychmygu'r Salmydd blinedig yn edrych yn ôl ar droeon bywyd ac yna'n ymlacio'n llwyr ym mhresenoldeb Duw. Dyma'r 'porthladd tawel clyd' y cyfeiria Ieuan Glan Geirionnydd ato, y perffaith lonyddwch na ellir ei ganfod yn unman ond ym mynwes Duw. Fel y mae plentyn bach yn ddedwydd ar fron ei fam, felly hefyd y mae'r Salmydd yn ymorffwys ar fron Duw. Cofiwn emyn Herber Evans:

> Tywys Di fi i'r dyfodol
>   Er na welaf fi ond cam;
> Cariad Duw fydd eto'n arwain,
>   Cariad mwy na chariad mam.

'Ail i Dduw, mam dda', meddai'r ddihareb, ac fel hyn y terfynna'r diweddar W.Rhys Nicholas ei Salm i'r Fam:

> Yr Arglwydd yn ei ddoethineb
> a roes i famau'r ddaear
> synnwyr a deall da,
> a hwy a roddant i gymdeithas
> ei chalon.

Gweddïwn:
Arglwydd, wrth droi atat ar Sul y Mamau, diolchwn i Ti am ddedwyddwch yr aelwyd, ac yn arbennig am gariad mam.

Am ei gofal a'i hymgeledd,
am ei llafur diflino a'i haberth cyson,
diolchwn i Ti.

Cofiwn heddiw am y sawl na phrofodd gysuron a bendithion aelwyd ddedwydd, ac na ŵyr ystyr cariad tad a mam. Defnyddia ni, Dad nefol, i rannu dy gariad lle bynnag yr awn, fel y daw eraill, trwom ni, i'th adnabod fel tad sydd mor fawr ei gariad tuag at ei blant. Amen.

Mawrth 21: Sul y Dioddefaint. FY NUW, PAM?

Marc 14:32-50

Fy Nuw, fy Nuw, pam yr wyt wedi fy ngadael? (Salm 22:1)

Onid dyma gri'r gorthrymedig ar hyd yr oesau? Y wraig ifanc a hiraetha am ei baban bach a anwyd yn farw, a'r plentyn a adawyd yn amddifad yn dilyn y ddamwain car a laddodd ei rieni; y dall a'r byddar, y cloff a'r llesg; y sawl sy'n orweddog mewn ysbyty, yn crefu am y wawr ac yn griddfan am yr hwyr; y trueiniaid sy'n ffoi rhag ergydion gynnau a ffrwydradau bomiau, a'r teuluoedd sy'n crefu am bryd o fwyd ynghanol newyn enbyd; yr hen wraig mewn cartref preswyl a'i theulu wedi hen anghofio amdani, a'r eneth ifanc ddigartref sy'n begera ar stryd y dref. Ni allwn ond dychmygu sawl gwaith y clywyd y gri yng ngwersylloedd dieflig Auschwitz a Belsen, 'Fy Nuw, pam?'

Yr oedd y diwedd yn agosau, fe wyddai hynny, ac ymhen llai nag wythnos byddai'r cyfan drosodd. Sylweddolodd yn sydyn fod y disgyblion yn cysgu'n drwm, a dechreuodd arswydo rhag yr unigrwydd a'r gwawd a'r poen. Galwodd ar ei dad i'w arbed, ond ni ddaeth ateb, ac yn y distawrwydd gallai glywed sŵn traed y milwyr yn agosau. Dygwyd ef ymaith a chafodd ei holi gan brif swyddogion awdurdodau Iddewig a Rhufeinig ei gyfnod, ond er iddynt fethu â'i ganfod yn euog o unrhyw drosedd, fe'i dedfrydwyd i farwolaeth. Dewis y dorf oedd hynny, a gwelwyd ef yn plygu dan bwysau ei groes ei hun ar ei ffordd i fryn Calfaria. Yno, croeshoeliwyd ef. Cyn marw, gwaeddodd yn uchel, 'Fy Nuw, fy Nuw, pam yr wyt wedi fy ngadael?' Rhyfedd, ynte, fyddech chi ddim wedi disgwyl i Fab Duw ddioddef yr un fath â phawb arall!

Gweddïwn:
Arglwydd, safwn, yn gwylio ac yn gwrando.
Y mae rhywrai yn gweiddi ac eraill yn wylo.
Clywn blant bach yn sgrechian. Nid ofni marw, – mae nhw'n rhy ifanc i ofni hynny; ond byddai marw'n fendith iddyn nhw.
Ofni beth?
Dim ond ofni. Ofni byw efallai?
Ofni tyfu'n ddigon hen i holi 'Pam?'

Arwain ni, Dad nefol, at odre Bryn Calfaria.
Trugarha wrthym. Yno, gâd inni wrando nes clywed.
Clywed cri o ddyfnder arswyd ac unigrwydd.
Cri ein Gwaredwr.

Arglwydd, diolch iti am ein deall.
Diolch iti am gydymdeimlo â'n gwendid. Amen.

Mawrth 28: Sul y Blodau. ADNABOD IESU GRIST.

Marc 11:1-11

*... fel yr awn gyda thyrfa'r mawrion i dŷ Dduw
ynghanol banllefau a moliant, torf yn cadw gŵyl.* (Salm 42:4)

Y darlun a ddaw i feddwl pob Cristion ar Sul y Blodau yw hwnnw o dyrfa yn dilyn Iesu Grist ac yntau'n marchogaeth ar ebol asyn i mewn trwy byrth y Ddinas Sanctaidd. Roedd Jerwsalem yn llawn ar gyfer Gŵyl y Pasg wrth i'r Iddewon ymweld â'r deml i gynnig yr aberthau priodol.

Sut dyrfa oedd honno tybed ai dilynodd ef i'r ŵyl? Rhaid cofio bod y cyfnod yn un anodd a phob Iddew yn dyheu am ryddid o hualau gorthrwm Rhufain. Tyrfa rwystredig oedd tyrfa'r ŵyl, tyrfa rwystredig a ddisgwyliai am arweiniad cadarn oddi wrth Dduw. Daeth yr arweiniad hwnnw ym mherson Crist, ond am fod ei ddulliau a'i werthoedd mor wahanol i'r disgwyl, methu â'i adnabod a wnaeth y dyrfa.

Heddiw y mae'r dyrfa o hyd yn disgwyl am arweiniad, a chyfrifoldeb a braint yr eglwys yw ymateb i'r alwad, ond ni ellir disgwyl i neb ymateb i her yr efengyl a derbyn o'i bendithion oni bai iddo'n gyntaf wybod am Iesu Grist a cheisio'i adnabod. Methodd tyrfa Jerwsalem ar Sul y Blodau ei adnabod, ac er iddi geisio'i addoli trwy daenu'r palmwydd o'i flaen, buan y trôdd y banllefau yn grochlefain am ei waed.

Y mae'r dyrfa o hyd yn ymddangos yn hunanol a difater, ond credaf ei bod, er hynny, yn anniddig ei byd ac yn dyheu am bwrpas a nôd i'w bywyd. Rhaid yw i ninnau ddweud y stori wrth genhedlaeth ddigrefydd nad yw Duw na Christ i bob golwg yn golygu fawr ddim iddi, ond cofiwn am wraig a gyffyrddodd â godre gwisg Iesu, a'n gweddi yw am i'r dyrfa heddiw wneud hynny.

Gweddïwn:

Ein dymuniad yn awr, Dad nefol, yw ymdawelu ger dy fron, a chaniatau i ystyr ac arwyddocâd y dydd arbennig hwn dreiddio i ddyfnder pob calon. Boed i anwadalwch torf swnllyd Sul y Blodau ein deffro i adnabod ein hunain a sylweddoli'n cyflwr, a thrwy hynny, beri inni blygu mewn edifeirwch ger dy fron. Maddau i ni wendid ein ffydd, arwain ni i adnabyddiaeth lawnach ohonom ein hunain,
A boed i eraill trwom ni,
Adnabod cariad Duw. Amen.

Ebrill 4: Sul Y Pasg. CYFODODD!

Marc 16:1-8

*Rhof ddiolch i ti, O Arglwydd, ymysg y bobloedd,
A chanmolaf di ymysg y cenhedloedd.* (Salm 108:3)

Mae mor hawdd sôn am Dduw a'i glodfori ymysg ein cyd-Gristnogion. Y gamp fawr yw mynd allan i'r byd i gyhoeddi'r efengyl i bawb. Wedi i'r angel hysbysu Mair Magdalen a Mair mam Iago a Salome o atgyfodiad Iesu Grist, dywedodd wrthynt am fynd i gyhoeddi'r newyddion da wrth Pedr a'r gweddill o'r disgyblion, gan gofio dweud wrthynt fod Iesu yn disgwyl amdanynt yng Ngalilea, yn ôl ei addewid. Anufuddhau i'r gorchymyn wnaeth y gwragedd, fodd bynnag:

'Daethant allan, a ffoi oddi wrth y bedd, oherwydd yr oeddynt yn crynu o arswyd. Ac ni ddywedasant ddim wrth neb, oherwydd yr oedd ofn arnynt.' (Marc 16:8)

Tybed a oes ofn arnom ninnau hefyd? A ofnwn ninnau sôn am fedd gwag ein Ceidwad rhag ofn ein galw'n ffyliaid gan rai na chredant yr efengyl? Cofiwn am gomisiwn Iesu Grist:

'Ewch, gan hynny, a gwnewch ddisgyblion o'r holl genhedloedd, gan eu bedyddio yn enw'r Tad a'r Mab a'r Ysbryd Glân.' (Mth.28:19)

Gweddïwn:
Ar fore Sul y Pasg, clodforwn dy enw sanctaidd Di O! Dduw.

Clodforwn Di am i Ti ddryllio pyrth angau a'n rhyddhau i ogoniant y bywyd tragwyddol, a'n sicrhau fod bywyd yn drech na marwolaeth.

Clodforwn Di am i Ti ein sicrhau fod daioni wedi cario'r dydd ac na all y tywyllwch ddiffodd y goleuni.

Clodforwn Di am fuddugoliaeth y trydydd dydd. Amen.

Ebrill 11: UN WAITH OEDD DDIGON.

1 Corinthiaid 15

Bendigedig fyddo enw'r Arglwydd o hyn allan a hyd byth. (Salm 113:2)

Ni phaid y Salmydd â moliannu'r Arglwydd am ei holl weithredoedd. Duw Israel, wedi'r cyfan, oedd creawdwr y byd ac Arglwydd hanes; ef hefyd a waredodd y genedl o gaethiwed yr Aifft ac ef a roddodd arweinwyr cadarn iddi megis Abraham a Moses. Yr oedd ei ofal yn rhychwantu'r cenedlaethau, ond yn Iesu Grist y datguddiwyd maint ei gariad.

Cofiwn am fywyd Iesu ar y ddaear, a'i daith 'o Fethlehem i'r groes' a sylweddolwn o'r newydd pa mor ddi-arbed oedd ei gariad;

> Dyma gariad fel y moroedd,
>   Tosturiaethau fel y lli:
> Twysog bywyd pur yn marw –
>   Marw i brynu'n bywyd ni.
> Pwy all beidio â chofio amdano?
>   Pwy all beidio â thraethu'i glod?
> Dyma gariad nad â'n angof
>   Tra fo nefoedd wen yn bod. *(Gwilym Hiraethog.)*

Neges fawr y Pasg yw i Dduw atgyfodi ei Fab gan gyhoeddi'n glir fod bywyd yn drech nag angau a bod daioni yn gryfach na drygioni, ac am fod y Crist byw o hyd yn gwmnïwr inni ar daith bywyd unwn ninnau yng nghân y Salmydd:

'O godiad haul hyd ei fachlud bydded enw'r Arglwydd yn foliannus.'
(Salm 113:3)

Gweddïwn:
Moliannwn dy enw ein Tad Nefol am dy fawr gariad tuag atom, cariad a wnaed yn amlwg ar hyd y cenedlaethau gan wŷr dewr llawn argyhoeddiad a fynnodd ddatguddio dy ewyllys Di i'w dydd a'u cyfnod. Yr ydym o hyd yn cofio am eu ffyddlondeb hwy iti, a thestun rhyfeddod parhaus inni yw'r modd y bu i Ti eu galw a'u cynnal.

Yn dy gariad Arglwydd, arwain ninnau hefyd y tu hwnt i derfynnau diogel ein profiad atat Ti dy hun, a gad i ni dy ganfod yn Iesu Grist yn Arglwydd y bywyd newydd. Cyfeiria'n sylw at y groes a thyrd i'n hebrwng i ardd y bedd gwag a gad inni fod yn ymwybodol bob dydd o'n bywyd o gwmnïaeth y Crist byw. Amen.

Ebrill 18: RHOI ESIAMPL.

Ioan 13:1-20

Dysg imi wneud dy ewyllys. (Salm 143:10)

Disgwyliai Iesu i'w ddisgyblion ymateb i'r byd yn unol â'i esiampl ef ei hun. Dangosodd graidd ei ddysgeidiaeth iddynt yn yr oruwchystafell, pan fynnodd olchi eu traed gan ddweud:
'Yr wyf wedi rhoi esiampl i chwi. Yr ydych chithau i wneud yn union fel yr wyf fi wedi ei wneud i chwi.' (Ioan 13:15).

Y mae ei eiriau yr un mor berthnasol i ninnau heddiw, a byddai gweithredu'n wahanol yn golygu, nid yn unig ein bod yn anufudd i Iesu, ond ein bod hefyd yn fforffedu ei gariad trwy ei gadw i ni'n hunain.

Dywed gweithwyr elusennau dyngarol a fu'n cludo bwyd ac offer meddygol i gartrefi plant amddifad yn Bosnia fod plant weithiau'n gwrthod bwyta'r bwyd a roddid iddynt, ac yn gwrthod chwarae â'u anrhegion, am eu bod ofn eu colli! Cuddiodd un plentyn bach ddarn o fara yng nghledr ei law am wythnosau nes ei fod wedi llwydo a llygru'n llwyr – yr oedd mor awyddus i'w gadw fel na fynnai ei fwyta!

Fel y bara yn llaw'r plentyn, gall ein dwylo ninnau lygru cariad Duw wrth inni ei gadw'n hunanol i ni'n hunain.

Gweddïwn:
Cywilyddiwn, Arglwydd, wrth sylweddoli pa mor amharod ydym i ddilyn esiampl Iesu Grist. Cawn ein caethiwo gan hunanoldeb a thrachwant, a'n llethu gan genfigen a malais. Maddau inni, ac arwain ni, trwy dy Ysbryd, i sylweddoli o'r newydd mai ein braint yw gwasanaethu cyd-ddyn.

Gwared ni rhag llygru'r bara, a thrwy hynny ddibrisio aberth Iesu Grist er ein mwyn.
Gwared ni rhag cau ein llygaid a throi clust fyddar i wewyr a chri y dioddefus.

Gwna fi yn addfwyn fel Tydi
Wrth bawb o'r isel rai;
Gwna fi yn hoff o wrando cwyn,
A hoff o faddau bai.
          Eifion Wyn.

Amen.

Ebrill 25: MAWREDD DUW.

Mathew 28:16-20; Ioan 15:1-17

Oherwydd fe wn i fod yr Arglwydd yn fawr. (Salm 135:5)

Nid oedd neb yn fwy ymwybodol o fawredd Duw na'r Salmydd, a cheisiai fanteisio ar bob cyfle i glodfori ei enw ymysg y bobloedd. Camp fawr yr Eglwys Fore hithau oedd argyhoeddi'r byd fod Iesu Grist yn Fab Duw gan gofio i Iesu ei hun roddi comisiwn i'w ddisgyblion i fynd i'r holl fyd a phregethu'r efengyl i'r greadigaeth i gyd.

Clywsom fwy nag unwaith am herwgipwyr yn hawlio arian cyn rhyddhau eu gwystlon, a'r awdurdodau yn mynnu prawf un ai ar dâp neu mewn llun fod y rhai a gipiwyd yn fyw ac yn iach. Ond sut yn y byd y gllwn ni heddiw sicrhau'r byd fod Iesu Grist yn fyw, a hynny heb ei lais na'i lun i brofi hynny?

Gofynnodd Miss Carys Humphreys, Taiwan, i gynulleidfa yn un o eglwysi Porthmadog yn weddol ddiweddar, a oedd credu yn Iesu Grist yn gwneud gwahaniaeth yn eu bywydau. Roedd y gwahaniaeth yn amlwg yn Taiwan, meddai. Trwom ni y daw pobl i wybod fod Iesu Grist yn fyw.

Gweddïwn:
Diolchwn am y fraint o gael perthyn i Eglwys Iesu Grist, ac am i Ti ymddiried ynom i genhadu yn dy enw. Fel yr anfonodd Iesu Grist ei ddisgyblion i gyhoeddi dyfodiad dy Deyrnas, felly yr wyt yn ein hanfon ninnau i ddweud wrth eraill am ffordd y bywyd.

Wrth erfyn arnat i faddau inni ein methiannau, gofynnwn yn wylaidd i Ti hefyd ein defnyddio yn dy waith a'n harwain i fod yn dystion byw i Ti ymhob man;

O! Iesu byw, dy fywyd Di
Fo'n fywyd yn fy mywyd i.
        (J.E.Davies.)

Amen.

Mai 2: BLODAU HYFRYD

1 Corinthiaid 3

Y mae fel pren wedi ei blannu wrth ffrydiau dŵr ac yn rhoi ffrwyth yn ei dymor, a'i ddeilen heb fod yn gwywo.
Beth bynnag a wna, fe lwydda. (Salm 1:3)

Nid oes yr un garddwr gwerth ei halen fyth yn segur. Pan ddaw'n amser hau a phlannu bydd wedi pwyso a mesur yn ofalus, gan sicrhau'r tymheredd priodol i'r hadau a phridd addas ar gyfer pob planhigyn. Y mae tymor llwyddianus yn dibynnu ar ddyfalbarhad a llafur cyson y garddwr.

Sylwn nad ar hap a damwain y tyfodd y pren y cyfeirir ato gan y Salmydd, ond yn hytrach, fe'i plannwyd wrth ffrydiau dŵr, a chanlyniad y plannu gofalus hwn fu iddo roddi ffrwyth yn ei dymor. Felly'n union y mae bywyd y Cristion. Drwy fedydd bydd rhieni baban bach yn paratoi'n gynnar iawn ar gyfer ei fagu. Caiff ei gyflwyno i Dduw trwy'r sacrament gyda'i rieni a chynulleidfa'r eglwys yn addo ei gynnal a'i feithrin yn y ffydd Gristionogol hyd nes y daw'n ddigon hen i ddewis drosto'i hun. Bydd ei deulu agos a'i ffrindiau hefyd, ynghyd ag athrawon yr Ysgol Sul a'r ysgol ddyddiol, yn dylanwadu arno ac yn ei gynorthwyo ar ei bererindod ysbrydol.

Nid trwy hap a damwain y daw neb i adnabod Iesu Grist, ond trwy arweiniad yr Ysbryd Glân a llafur cyson y rhai hynny sy'n fodlon aberthu o'u hamser a'u doniau i'w cyfarwyddo ar hyd ffordd y bywyd.

Gweddïwn:
Diolchwn i Ti, Dad nefol, am bob paratoi a fu ar ein cyfer ar daith bywyd:
    Am bawb a welodd yn dda ein harwain atat Ti.
    Am y canllawiau gwerthfawr a'n cynorthwyodd ar y ffordd.
    Diolchwn i Ti.

Gâd i ninnau gofio, Arglwydd, fod eraill erbyn hyn yn disgwyl arweiniad oddi wrthym ninnau, a chynorthwya ni i'w cynorthwyo hwy. Amen.

Mai 9: Sul Cymorth Cristnogol. LLE I ENAID GAEL LLONYDD

Mathew 11:25-30; Ioan 20:19-23

*Fe'm harwain ar hyd llwybrau cyfiawnder er mwyn ei enw.
Er imi gerdded trwy ddyffryn tywyll du,
Nid ofnaf niwed . . . (Salm 23:3-4)*

Y mae dyn o hyd yn chwilio am y llonyddwch 'na ŵyr y byd amdano'. Taith ddyrys yw taith bywyd. Diau yr arweinir y pererin dros 'fôr tymhestlog' ac i 'ddyffryn tywyll du,' cyn y caiff fwynhau 'gorwedd mewn porfeydd gwelltog'.

Ym Mhen Llŷn canfu'r bardd J.G. Davies 'le i enaid gael llonydd,' a gwyn fyd y gŵr a all brofi llonyddwch enaid ynghanol dwndwr diwedd yr ugeinfed ganrif.

Wrth edrych yn ôl ar ei fywyd sylweddola'r salmydd fod Duw wedi ei fugeilio trwy gyfnodau chwerw a melys, a'i fod wedi ei arwain i dangnefedd a bodlonrywdd. Yn y tawelwch hwn gall ymddiried yn llwyr yn ei Arglwydd a mynegi'n hyderus mai yr Arglwydd, yn wir, yw ei fugail ar daith bywyd.

Gweddïwn:
**Yr Arglwydd yw f'amserydd, ni fydd brys arnaf;
Efe a wna i mi oedi am ysbeidiau tawel,
Efe a rydd i mi fendithion llonyddwch
Sy'n adfer fy sirioldeb.**

**Efe a'm tywys ar hyd llwybrau graslon
Trwy dawelwch meddwl,
A than ei arweiniad y caf dangnefedd.**

**Er fod y baich yn drwm o ddydd i ddydd
Ni fyddaf anniddig,
Oblegid ei bresenoldeb a'm cynnal;
Ei Ysbryd yw'r nerth tragwyddol
A'm ceidw mewn cydbwysedd.**

**Efe a bair adfywiad ac adnewyddiad
Yng nghanol fy ngweithgarwch;
Eneinia fy meddwl ag olew ymdawelu;
Ffiol fy egni bywiol fydd lawn.**

**Cytgord a rhinwedd yn ddiau fydd ffrwyth fy oriau,
Ac mi a rodiaf yn heddwch yr Arglwydd
A phreswylio yn ei dŷ ef yn dragywydd.**

Rhydd-gyfieithiad W.Rhys Nicholas o gerdd gan y Siapanead Tolsi Myyesmire.
W.Rhys Nicholas, *Cerddi Mawl* (Abertawe, 1980).

Mai 16: ADNABOD DUW A CHYD-DDYN.

Mathew 25:31-46

Gwyn ei fyd y dyn sy'n ystyried y tlawd. (Salm 41:1)

Dywedodd rhywun mai'r ffordd orau i ennill hapusrwydd yw peidio â mynd i chwilio amdano na'i geisio, ond yn hytrach byw i bobl eraill.

Ni fu erioed ganrif mor wybodus â'r ganrif hon; nid yn unig bu i swm ein gwybodaeth gynyddu, ond y mae'n gallu i rannu gwybodaeth wedi cynyddu'n aruthrol hefyd. Un o'r dylanwadau mwyaf ar bob aelwyd bellach yw'r teledu, ac y mae'n cyflwyno pob math o wybodaeth i ni. Daw a gemau pêl droed a rygbi, eisteddfodau a chyngherddau i'n cartrefi, ac arni gwelwn gorneli pellaf y byd, a phobl o bob cyfandir.

Gwelsom ar y teledu hefyd olygfeydd brawychus a dychrynllyd. Gwelsom wae a gwaeledd, newyn a gofid, anobaith ac anghyfiawnder a thrais a dirmyg, ac nid yw'n hawdd dygymod â'r hyn a welwyd. Y mae'n haws inni uniaethu ein hunain â phobl gyfoethog y byd nag â'r tlawd, ac â'r gwyn ei groen a'r moethus ei fyd nag â'r sawl sy'n byw ymhell i ffwrdd mewn gwersyll ffoaduriaid ac sy'n marw o newyn.

Dywed Iesu Grist wrthym fod adnabod Duw yn golygu adnabod cyd-ddyn yn ogystal, ac nid yn unig ei adnabod, ond ei helpu.

Gweddïwn:
Gwrando'n gweddi yn awr, Dad nefol, wrth inni gyflwyno'n hunain i Ti o'r newydd ac erfyn arnat i'n defnyddio yng ngwaith dy deyrnas:

Defnyddia ein traed i gerdded yr ail filltir,
a'n dwylo i rannu caredigrwydd.

Defnyddia ein clustiau i wrando cri,
a'n llygaid i weld angen.

Defnyddia ein geneuau i sôn amdanat,
A'n calonnau i dderbyn dy gariad.

Gofynnwn hyn yn enw Iesu Grist. Amen.

Mai 23: Y Sulgwyn. GRYM YR YSBRYD.

Actau 2

. . . y mae'r cyfan ohonof yn gweiddi'n llawen ar y Duw byw. (Salm 84:2)

Am inni gredu nad yw addoli'n ddim ond darllen y gair, gwrando ar bregeth a chanu emynau, aeth y wefr a'r gynulleidfa allan o'n capeli. Y mae gwir addoliad yn digwydd yn y galon, a golyga ymwybyddiaeth o gariad Duw, a'r oedfa yw cyfrwng mynegi a chadarnhau yr ymwybyddiaeth honno. Ymateb i gariad ac i drugaredd Duw a wna'r addolwr mewn oedfa wrth blygu ger ei fron mewn diolchgarwch ac edifeirwch. Ac onid yw'n rhyfeddol fel y mae addoliad yr eglwys wedi denu pobl ati ym mhob cyfnod?

Addoliad a welwyd yn Jerwsalem ar ddydd y Pentecost pan safodd Pedr ar ei draed heb gân na gweddi i gyhoeddi'r efengyl, a'r Ysbryd Glân wedi cydio ynddo. Cofiwn y canlyniad:

'Parthiaid a Mediaid ac Elamitiaid, a thrigolion Mesopotamia, Jwdea a Capadocia, Pontus ac Asia, Phrygia a Pamffylia, yr Aifft a pharthau Lybia tua Cyrene, a'r ymwelwyr o Rufain, yn Iddewon a phroselytiaid, Cretiaid ac Arabiaid, yr ydym yn eu clywed hwy yn llefaru yn ein hieithoedd ni am fawrion weithredoedd Duw.' (Actau 2:9-11)

Ofer fydd pob ymdrech i geisio ennill eraill i Grist heb i brofiad y disgyblion cyntaf o ddiolchgarwch a llawenydd fod yn amlwg yn ein crefydd. Ond nid profiad y gallwn ni ei greu ohonom ein hunain yw hwnnw ond rhodd yr Ysbryd y mae galwad arnom o hyd i'w dderbyn.

Gweddïwn:
O Dduw ein Tad diolchwn i Ti am ddyfodiad yr Ysbryd Glân i blith dy bobl oesoedd maith yn ôl. Diolchwn am y bywyd a welwyd ymhlith rhai digon ofnus a di-hyder wedi'r dyfodiad hwnnw, a gofynnwn heddiw am i ni fod yn gyfrannog o'r un profiad;

> Rho'r hyder anorchfygol gynt
>   Ddilynai'r tafod tân;
> Chwyth dros y byd fel nerthol wynt,
>   O! Ysbryd Glân. *(John Jenkins.)*

Gwared ni, er hynny, rhag credu nad oes bywyd ond lle y ceir cynnwrf, a dyro inni'r gras i'th geisio mewn tawelwch, i wrando am lef ddistaw fain dy wahoddiad, ac i ymateb iddi gyda hyder. Gad inni ddefnyddio amrywiol amgylchiadau bywyd fel cyfleoedd i ddynesu atat, a gad i'r berthynas honno a ffurfir yn nwfn y galon a'r enaid ffrwydro'n addoliad. Amen.

Mai 30: TYSTION I IESU.

Actau 1:6-11

Bydded iddynt wybod mai ti'n unig, a'th enw'n Arglwydd, yw'r Goruchaf dros yr holl ddaear. (Salm 83:18)

Gŵyr pob tyst yn nyfnder ei galon fod rhyw bethau'n wir, a bydd ei fywyd yn adlewyrchu ei argyhoeddiadau. Gallwn amau geiriau dynion, ond nid yw mor hawdd amau eu bywyd, a dylai pwysau bywyd y saint fod yn atgyfnerthiad i'r Eglwys. Yn anffodus, nid yw hynny bob amser yn amlwg, oherwydd gall ein gweithredoedd a'n cymhellion, ynghyd â'n geiriau, beri i rywrai amau'r efengyl.

Pan ddaeth H.M.Stanley ar draws David Livingstone yng nghanolbarth Affrica, sylwodd bod bywyd y gŵr unigryw hwnnw yn cymell y ffydd ar y rhai o'i amgylch, a hynny heb iddo sôn yr un gair amdani. Trwy bwysau bywyd y credinwyr y daw'r byd i wybod mai'r Arglwydd yw'r goruchaf dros yr holl ddaear.

Gweddïwn:
Ein Tad gofynnwn am y gras i fod yn dystion i Ti, i ddweud amdanat, nid ar lafar yn unig, ond drwy gyfrwng ein holl fywyd. Diolchwn iti am y Cristnogion hynny y mae'r hanes a'r cof amdanynt o hyd yn cyhoeddi'r ffydd, a'u bywydau yn enghreifftiau gwiw o'th gariad a'th gynhaliaeth. Pâr i rywrai ganfod ynom ni hefyd yr hyn na allai'r byd ei gyfryngu, a gosod arnom dy nod a'th ddelw;

> Yn anheddau'r tlawd a'r unig,
>   Ar balmentydd oer y dref,
> Dangos wnawn dosturi'r Prynwr,
>   Rhannwn ei drugaredd gref:
> Hyn fo'n gweddi wrth ymestyn
>   At bob llwyth a gwlad sy'n bod:
> Grist, i Ti, Iachawdwr, Frenin,
>   Syrthied pawb ar ddeulin clod.
>   *(Hugh Sherlock, cyf.Hywel M.Griffiths.)*

Amen.

Mehefin 6: CYNHALIAETH DUW.

Marc 4: 35-41

*Cynnal fi yn ôl dy addewidion, fel y byddaf fyw,
Ac na chywilyddier fi yn fy hyder.* (Salm 119:116)

Onid yw'n anodd cadw llygad ar y gwirionedd a chofio gorchymynion Duw pan fo'r byd yn pwyso'n drwm arnom? Cyfyd cwestiynnau moesol i'n poeni, rhai y mae angen arbenigwyr meddygol a gwyddonol i'n helpu i ddelio'n ddeallus â hwy, a gall y Cristion deimlo'n unig iawn mewn ambell i sefyllfa. Gall tad ifanc fod yr unig Gristion ar fwrdd llywodraethol ysgol ei blant, a gall gweinyddwr fod yr unig Gristion mewn swyddfa, a'r hyn sy'n frawychus yw gwybod bod Duw am gynnal cymdeithas trwy dystiolaeth ac esiampl bywyd unigolion. Y mae Huw Roberts mewn emyn yn atgoffa'r Cristion o'i gyfrifoldeb:

> Mewn craig a phwll, yng nghanol sŵn
> Peiriannau a'u byddarol rŵn,
> Rho glywed dy leferydd Di:
> 'Gnewch hyn er coffa amdanaf fi.' *(Huw Roberts.)*

Mae mor anodd gwneud hynny os ydym yn ddiymgeledd ac yn ddi-gymdeithas, ond gwyrth ysbryd Duw yw y rhydd inni'r cymhelliad a'r dewrder ynghanol pob dryswch ac argyfwng i glosio at ein gilydd a chyflawni ei fwriadau Ef.

Gweddïwn:
O Dduw ein Tad diolchwn i Ti am gymdeithas a chyfeillgarwch pobl sydd yn rhannu'r un delfrydau â ni, rhai y gallwn droi atynt am arweiniad ac ymddiried ynddynt. Diolch i Ti hefyd am rai a fydd weithiau yn herio ein safbwynt, yn peri ein bod yn ail-ystyried ein barn ac yn ymholi o'r newydd. Ym mhob amgylchiad cynnal ni, a galluoga ni hefyd i fod yn dystion cywir iti.
Pan deimlwn yn unig ac yn ddiymgeledd mewn byd sy'n gwrthod dy efengyl cysura ni.
Pan deimlwn yn swil ac yn ddi-hyder ymysg pobl hyderus a balch dyro i ni argyhoeddiad newydd.
A phan gredwn nad oes neb yn gwrando arnom ac mai ofer ein tystiolaeth atgoffa ni o rym cenhadaeth dy Eglwys.

Maddau inni bob methiant a defnyddia ni er gwaethaf pob bai, a hynny am y gofynwn y cyfan yn enw ac yn haeddiant ein Harglwydd Iesu Grist. Amen.

Mehefin 13: DANGOS Y FFORDD.

Rhufeiniaid 6:15-23

*Y mae gorchymyn yr Arglwydd yn bur,
yn goleuo'r llygaid;* (Salm 19:8)

Dywed y Salmydd fod yn y gyfraith weledigaeth, ei bod yn 'goleuo'r llygaid,' neu yn rhybuddio dynion. Mewn oes pan mae bywyd wedi mynd mor ddyrys a chymhleth, a chymaint o bobl ar gyfeiliorn, y mae mwy o angen y weledigaeth hon arnom nag erioed. Y mae bellach o fewn cyrraedd dynion dechnoleg a all weddnewid bywyd ar y ddaear, nes gadael pawb ohonom yn sefyll ar groesffordd heb wybod pa lwybr i'w ddilyn.

Ceir yn y gyfraith weledigaeth; gweledigaeth o fyd cyfiawn a heddychlon; gweledigaeth o fywyd wedi ei ddyrchafu at Dduw. Nid cyfraith sy'n arwain i ddistryw yw cyfraith yr Arglwydd, ond cyfraith sy'n arwain i fywyd. Meddai Duw wrth genedl Israel a hithau ar fin mynd i mewn i wlad Canaan;

'Edrych yr wyf am roi'r dewis iti heddiw rhwng bywyd a marwolaeth, rhwng daioni a drygioni. Oherwydd yr wyf fi heddiw yn gorchymyn iti garu'r Arglwydd dy Dduw, a rhodio yn ei ffyrdd, a chadw ei orchmynion, ei reolau a'i ddeddfau; yna byddi fyw, a chei amlhau, a bydd yr Arglwydd dy Dduw yn dy fendithio yn y wlad yr wyt yn mynd iddi i'w meddiannu.'

A feddiannwn ni ein dyfodol trwy dderbyn cyfraith yr Arglwydd? A gerddwn lwybr bywyd yn unol â'i ganllawiau ef? Y mae cyfraith Duw, nid yn unig yn ganllaw i'r bywyd, ond y mae hi hefyd yn amddiffynfa i ddyn rhag ei natur ei hunan.

Gweddïwn:
Gwyddom, Arglwydd, mai Ti yn unig all oleuo'n llygaid a'n cyfarwyddo ar hyd ffordd y bywyd. Wrth ddiolch i Ti am gadernid dy arweiniad yn y gorffennol, deisyfwn yr un arweiniad eto i'r dyfodol.

Pan fydd y weledigaeth yn aneglur a'r ffordd yn anelwig,
arwain ni.

Pan ddaw profiadau chwerw i ladd ein hysbryd,
ac amgylchiadau dyrys i guddio'r goleuni,
agor ein llygaid.

Ac arwain ni i'th dangnefedd,
ac i ddiogelwch dy bresenoldeb. Amen.

Mehefin 20: LLAWENYDD YN Y GWAITH.

Philipiaid 4:2-9; 2 Corinthiaid. 11:16-33

*Y mae deddfau'r Arglwydd yn gywir,
yn llawenhau'r galon.* (Salm 19:8)

Os nad yw dyn mewn iawn berthynas â Duw, y mae ei gydwybod yn ei gystwyo. Cawn engreifftiau o hyd o fywydau anniddig yn ein cymdeithas, a hynny oherwydd fod pobl yn gwrthod cyflawni'r hyn y maent yn gwybod yn eu calon sy'n gywir. Y mae ufuddhau i Dduw yn rhoi llawenydd sydd yn abl i'n nerthu a'n cynnal.

Meddyliwn am yr apostol Paul yn cyhoeddi'r efengyl, yn aml heb unrhyw gefnogaeth, yn nannedd gwrthwynebiad. Yn 2 Corinthiaid y mae'n rhestru ei ddioddefiadau dros y ffydd:

'Pumwaith y cefais ar law'r Iddewon y deugain llach ond un. Tair gwaith fe'm curwyd â ffyn, unwaith fe'm llabyddiwyd, tair gwaith bum mewn llongddrylliad, ac am ddiwrnod a noson bum ar y môr. Bum ar deithiau yn fynych, mewn peryglon gan afonydd, peryglon ar law lladron, peryglon ar law fy nghenedl fy hun ac ar law'r Cenhedloedd, peryglon yn y dref ac yn yr anialwch ac ar y môr, a pheryglon ymhlith brodyr gau. Bum mewn llafur a lludded, yn fynych heb gwsg, mewn newyn a syched, yn fynych heb luniaeth, yn oer ac yn noeth. Ar wahan i bob peth arall, y mae'r gofal dros yr holl eglwysi yn gwasgu arnaf ddydd a nos.' (2 Cor. 11:24-28)

Er gwaethaf hyn i gyd, geiriau'r Apostol wrth y Philipiaid oedd:

'Llawenhewch yn yr Arglwydd bob amser; fe'i dywedaf eto, llawenhewch.' (Philipiaid 4:4)

Gweddïwn:
Diolchwn i Ti am y sicrwydd na all dim ladd ein hysbryd na diffodd fflam ein gobaith os byddwn ffyddlon i Ti, a chlodforwn dy enw am lawenydd y gwir fywyd. Maddau inni ein digalondid ac arwain ni, Arglwydd, er gwaethaf ein hamgylchiadau, i lawenydd dy bresenoldeb. Yn enw Iesu Grist. Amen.

Mehefin 27: YMDEBYGU I GRIST.

Effesiaid 5:1-21

*Oherwydd gwn am fy meiau,
Ac y mae fy mhechod yn wastad gyda mi.* (Salm 51:3)

Onid oes tuedd ynom heddiw i raddoli pobl a phethau, sef eu gosod mewn trefn o'r gorau i'r salaf. Dyma sail ein gwareiddiad ac yr ydym yn ein bywyd beunyddiol yn dwyn llawer o gysur o'r gallu hwn. Os oes gennym y tŷ mwyaf a'r car gorau, y swydd fwyaf cyfrifol a'r teulu mwyaf delfrydol, fe deimlwn ein bod, nid yn unig yn fwy ffodus, ond hefyd yn well na phawb arall.

Gallwn ddwyn yr agwedd hon i'r eglwys yn ogystal, wrth fynd ati i raddoli pechodau fel y buom yn graddoli pethau, a chyhoeddi hwn yn well ac un arall yn waeth, a barnu fel y tybiem y barna Duw.

Un safon yn unig sydd i'r Cristion, sef Iesu Grist, a'r unig ddosbarth o bobl yw hwnnw sy'n cynnwys pobl nad ydynt wedi cyrraedd safon Iesu. Ef yw ein hunig linyn mesur ar daith bywyd.

Gweddïwn:
Cofiwn, Ein Tad, i Ti ein creu ar dy lun a'th ddelw i ogoneddu dy enw, a diolchwn i Ti am y datguddiad o'th natur a'th ewyllys a welwyd yn Iesu Grist.

Maddau inni, Dad nefol, am osod ein delfrydau ein hunain fel nôd mewn bywyd, a cheisio ymddwyn yn unol â disgwyliadau ein gilydd, yn hytrach na bod yn debyg i Iesu Grist. Dyna'n gwir nôd a'n bwriad, ac erfyniwn arnat Arglwydd i drugarhau a'n cynorthwyo ni;

> O! na bawn yn fwy tebyg
> I Iesu Grist yn byw,
> Yn llwyr gysegru 'mywyd,
> I wasanaethu Duw;
> Nid er ei fwyn ei hunan
> Y daeth i lawr o'r ne',
> Ond rhoi ei hun yn aberth
> Dros eraill wnaeth efe.
> *(Eleazar Roberts.).*

Amen.

Gorffennaf 4: MENTRO'R CWBL.

Luc 19:1-10

O fy Nuw, ynot ti yr wyf yn ymddiried; (Salm 25:2)

Clywn yn aml am bobl yn mentro mewn bywyd. Gall gwaith a hamdden hawlio menter, a bydd amryw yn profi gwefr anghyffredin wrth blymio i ddyfnderoedd byd ansicr a simsan. Ond y mae tuedd gynyddol yn ein cymdeithas ni hefyd i bwyso ar ffug obeithion byd siawns a hap chwarae, gan gredu y daw gwynfyd i'r sawl a ddyfalbarha.

Yn Nuw yr ymddiriedodd Iesu yn llwyr ac yn gyfangwbl gan ddangos i'w ddilynwyr holl fendithion yr ymddiriedaeth hon. Wyneb yn wyneb â marwolaeth nid oes gennym neb ond Duw i gredu a gobeithio ynddo, a diben yr efengyl yw creu ymddiriedaeth ym mhobl yr Arglwydd, oherwydd y dewis mewn bywyd yw un ai ymddiried yn Iesu neu anobeithio'n llwyr. Dengys Ann Griffiths yn berffaith glir bod ymddiriedaeth y credadyn yn Nuw yn gwbl ddigonol:

> O! f'enaid gwêl addasrwydd
>   Y Person rhyfedd hwn;
> Dy fywyd mentra arno
>   Ac arno rho dy bwn:
> Mae'n ddyn i gydymdeimlo
>   Â'th holl wendidau i gyd;
> Mae'n Dduw i gario'r orsedd
>   Ar ddiafol, cnawd a byd. *(Ann Griffiths)*

Gweddïwn:
Mewn byd simsan sy'n llawn siomedigaethau, diolchwn i Ti am y sicrwydd a'r cadernid sydd ynot. Rhyfeddwn at dy fawredd a llawenhawn yn dy gariad. Gwyddom i Ti ein creu i ymddiried ynot a'th fod yn disgwyl y gorau oddi wrthym.

Maddau inni, Dad nefol, ein gwendid a'n diffyg ymroddiad. Maddau inni am ofni mentro gan nad yw ein hymddiriedaeth ynot yn ddigonnol. Gwared ni, Arglwydd, rhag ymddiried ym mhethau'r byd, ac arwain ni i'r cyflawnder a'r perffeithrwydd sydd yn Iesu Grist, a ymddiriedodd yn llwyr ynot Ti. Amen.

Gorffennaf 11: CUDDIO'R HAUL.

Rhufeiniaid 8:18-30

Pan edrychwyf ar y nefoedd, gwaith dy fysedd, y lloer a'r sêr, a roddaist yn eu lle . . . (Salm 8:3)

Ni allwn ond dychmygu sut brofiad ydoedd i ferch ifanc ddibrofiad droi cefn ar ei chartref yng Nghymru ar ddiwedd y ganrif ddiwethaf a mynd i weini i un o ddinasoedd mawr Lloegr. Digwyddodd hynny i Jên Ifas' o Sir Fôn, a ysgrifennodd lythyr at ei rhieni yn sôn am ei phrofiad. Dyfyniad byr ohono a geir yma:

'. . . Tydi'r haul ddim hannar cimin yma ag ydi o yn Sir Fôn: riw fymrun bach fel mwclan goch oddo ddou i'w weld trw'r mwg mawr: ia mwg amball ddwrnod mor dew nes ma pobol yn teunu dillad i sychu arno fo, fel byddwch chi ar glawdd drain. Am y lleuad, tos ma run, na dim yisio run chwaith, am yn i. Ma ma lectric lyit, a hwnnw yn sgleinio na fedra chi ddim ydrach arno fo; pawb gest a'i lyuad i hun, a hwnnw'n ola bob nos, nid rw unwiath yn y mis . . .' (Mynydd Parys, Owen Griffith. Tud.42/43).

Ysgrifenwyd y llythyr dros ganrif yn ôl, ar Ddydd Gŵyl Ddewi 1882. Os oedd y mwg yn cuddio'r haul oddi wrth Jên Ifas druan ar strydoedd Lerpwl yr adeg honno, faint mwy y mae llygredd yr oes bresennol yn ein rhwystro rhag gwerthfawrogi gogoniant Duw a'i gread?

Gweddïwn:
Diolchwn i ti, O Dad, am wlad mor hardd i fyw ynddi, ac am y rhyddid sydd ganddom i fwynhau'r ysblander a'r cyfoeth sydd o'n hamgylch bob awr o'r dydd.

Maddau inni am:

gredu mai'n heiddo ni yw dy fyd Di, a thrwy hynny ei hawlio'n hunanol ar gyfer ein difyrrwch diangen.

am faeddu'r glân a'r pur yn enw cynnydd a llwyddiant.

am foddi synnau byd natur â sgrechiadau aflafar peiriannau a lleisiau rhai na wyddant sut i wrando.

Arglwydd, wrth erfyn am dy drugaredd, erfyniwn hefyd ar i'th Ysbryd ein harwain i werthfawrogi dy greadigaeth o'r newydd, a'n dysgu i'w thrin yn dyner, er mwyn dy enw. Amen.

Gorffennaf 18: GOLEUNI CRIST.

Ioan 8:12-20; Philipiaid 2:12-18

Ynddynt gosododd babell i'r haul, sy'n dod allan fel priodfab o'i ystafell, yn llon fel campwr yn barod i redeg gyrfa.
O eithaf y nefoedd y mae'n codi, a'i gylch hyd yr eithaf arall; ac nid oes dim yn cuddio rhag ei wres. (Salm 19:4-6)

Y mae pobl ar hyd y canrifoedd wedi addoli'r haul fel ffynhonnell gwres a goleuni. Credai'r Eifftwyr yng nghyfnod y Salmydd fod pob Pharo, yn ei dro, yn ymgorfforiad ohono, a thrwy hynny'n dduw. Nid addoli'r haul a wnawn ni, ond yn hytrach addoli ei greawdwr, sydd yn rheoli dydd a nos, bore a hwyr, goleuni a thywyllwch:

> 'Gwena'r haul o'r cwmwl du,
> Er mwyn dangos Duw i ni . . .'
> J.Neander. c.H.E.L.

Ie, Duw wrth ddeffro'r haul o'i wely yn y bore, sydd ar yr un pryd yn ein gwahodd ninnau i fwynhau ei gysuron. Oddi wrtho ef y tardd pob goleuni, ac ef yw Tad ein Harglwydd Iesu Grist, Goleuni'r Byd.

Gweddïwn:
> Tyrd atom ni, O! Grewr pob goleuni,
> Tro Di ein nos yn ddydd;
> Pâr inni weld holl lwybrau'r daith yn gloywi
> Dan lewyrch gras a ffydd. *(Rhys Nicholas.)*

Arglwydd: goleua fy meddwl i'th weld Di yn gliriach.
goleua fy neall i'th adnabod Di yn well.
goleua fy nghalon i ddangos i mi fy mhechod.
goleua fy mywyd a dangos i mi dy ffordd.

Arglwydd da, gwna fi yn oleuni i Ti. Amen.

Gorffennaf 25: FFYDD YN NUW.

Hebreaid 11

Ymlonyddwch, a dysgwch mai myfi sydd Dduw . . . (Salm 46:10)

Yr hyn sy'n ganolog yn yr emyn mawr hwn yw ffydd ddiysgog y Salmydd yn Nuw Israel. Tystia nad oes dim ar wyneb daear nac yn unman arall sydd y tu draw i'w awdurdod ef. Y mae'r gorffennol a'r dyfodol yn perthyn iddo, ac felly rhaid ymwroli wrth wynebu'r presennol gan wybod bod:

> . . . Duw yn noddfa ac yn nerth i ni,
> yn gymorth parod mewn cyfyngder. (Salm 46:1)

Cofiaf ymweld â chlaf mewn ysbyty rai blynyddoedd yn ôl, a thra reoddwn yno daeth gwraig at wely'r claf a dechrau sgwrsio âg ef. Meddai hi wrtho:

'Mae'n anodd d'allt petha': dyn da fel chi yn gorfod diodda' fel hyn. Pam chi, o bawb?'

Anghofia'i fyth mo'i ateb byr a thawel:

'Pam ddim fi!' meddai.

Aeth y wraig yn fud, ac fe'm meddianwyd innau gan rhyw dawelwch rhyfedd, ac am rai eiliadau yr oedd y tri ohonom yn ymwybodol o'r presenoldeb dwyfol.

Gweddïwn:
Arglwydd, gwyddom mai Ti yn unig a all roddi ystyr i fywyd. Daethost i'r byd mewn Mab i ddangos ffordd y bywyd i ni ac i'n tywys ar daith dragwyddol. Yr wyt yn ein hadnabod mor dda ac yn ein caru mor angerddol.

Maddau i ni, Arglwydd, ein mynnych gwestiynnau, ac erfyniwn arnat i'n cynnal yn ein diffyg ffydd.

Yng nghanol ein rhuthro ynfyd, cynorthwya ni i ymlonyddu a gwybod, uwchlaw popeth arall, mai Ti sydd Dduw, fel y gallwn ddweud yn hyderus gyda'r Salmydd:

> Y mae Arglwydd y lluoedd gyda ni,
> Duw Jacob yn nerth i ni. *(Salm 46:11)*

Amen.

Awst 1: HIRAETH AM DDUW.

Ioan 4:1-42

*Fel y dyhea ewig am ddyfroedd rhedegog,
Felly y dyhea fy enaid amdanat ti, O Dduw.* (Salm 42:1)

Dyma gri o eigion enaid y Salmydd ac yntau'n alltud o'i wlad ym Mabilon. Yr oedd ei hiraeth am gymdeithas ei gyd-addolwyr yn y Deml yn Jerwsalem yn un dirdynnol, a rhaid yw cydymdeimlo âg ef yn ei wewyr. Oni fyddwn ninnau hefyd ar adegau yn hiraethu am y dyddiau hynny pan oedd Tŷ Dduw dan ei sang, a'r seiat a'r cyfarfod gweddi yn denu addolwyr. Mae'n chwith gweld drysau capeli'n cau a chynulleidfaoedd yn edwino, ac ar un olwg nid yw ond yn naturiol inni hiraethu am y gorffennol. Y perygl yw inni gredu y gallwn fyw ar ein hatgofion, ac anghofio fod a wnelo'r efengyl fwy â chalonnau edifeiriol nag â chapeli llawn, mwy â chariad a maddeuant a thosturi nac ag unrhyw drefn neu arfer o'n heiddo ni. Hiraeth am Dduw sy'n gweddu i'r Cristion.

Gweddïwn:
Dad nefol, gwyddost am ein hiraeth am y gorffennol: hiraeth am y capeli llawn, pan oedd mynd ar Gymanfa ganu, seiat, a chyfarfod gweddi, hiraeth am hoelion wyth y pulpud ac am gynnwrf eu hwyl.

Maddau i ni, Arglwydd, am gredu dy fod ymhell oddi wrthym, a thithau mor agos atom. Er inni weld, dewiswn anwybyddu'r hyn a welwn, ac er inni glywed, dewiswn droi clust fyddar i'r hyn a glywn. Maddau i ni am droi hiraeth yn ddim mwy na sentiment arwynebol. Cynorthwya bawb ohonom, O Dad, i ail-gyfeirio ein hiraeth atat Ti, a datgan gyda'r Salmydd bod ein henaid yn dyheu amdant. Amen.

Awst 8: GWRANDO'R GAIR.

Marc 4:1-9

Y mae'r nefoedd yn adrodd gogoniant Duw, a'r ffurfafen yn mynegi gwaith ei ddwylo.
Y mae dydd yn llefaru wrth ddydd, a nos yn cyhoeddi gwybodaeth wrth nos.
Nid oes iaith na geiriau ganddynt, ni chlywir eu llais; eto fe â eu sain allan drwy'r holl ddaear a'u lleferydd hyd eithafoedd byd. (Salm 19:1-4)

Y mae rhyw hyfrydwch tawel yn y gerdd hon o eiddo'r Salmydd. Cyfeirir at 'y nefoedd yn adrodd' a'r 'ffurfafen yn mynegi', 'y dydd yn llefaru' a'r 'nos yn cyhoeddi', a hynny er nad oes iaith na geiriau gan yr un ohonynt!

Cofiaf fod allan un noson glir loerolau ar ddiwedd haf, a dim, ar wahân i fref ambell ddafad yn torri ar y tawelwch. Un wael fum i erioed am adnabod y planedau, ond roeddynt oll yn eu gogoniant y noson honno, ac yn hawlio fy sylw. 'Chlywais i'r un gair, ond eto fe wyddwn bod y ddaear yn adrodd ei stori wrth y nefoedd, a hithau wedyn yn rhannu ei phrofiad, a minnau yno, yn y canol, yn gwrando ac yn rhyfeddu. Pe bai rhywun yn fy holi ynglŷn â chynnwys eu sgwrs, ni allwn ddweud dim, ac eto, mi daerwn i mi ei chlywed. Gall Gair Duw hefyd gyfathrebu heb yngan yr un sill, ac eto, gŵyr y sawl a'i clyw fod ei neges o dragwyddol bwys. Ioan, ar ddechrau ei efengyl a ddywed wrthym i'r 'Gair' ddod yn gnawd, ac iddo 'breswylio yn ein plith, yn llawn gras a gwirionedd,' (Ioan 1:14), a neges Iesu Grist o hyd yw, 'Yr hwn sydd ganddo glustiau i wrando, gwrandawed.' (Marc 4:9)

Gweddïwn:
Yng nghanol sŵn aflafar byd y dyn modern, dysg ni i wrando, Arglwydd, ac arwain ni i glywed.

Pan welwn gardotyn meddw yn gorwedd ar balmant y stryd, yr wyt yn siarad â ni.
Pan fydd plentyn bach yn gwenu arnom, yr wyt yn siarad â ni.
Ar wawr y dydd ac ar fachlud haul, yr wyt yn siarad â ni.

Dysg ni i wrando ar   . . . sŵn dy eiriau,
                    Awdurdodol eiriau'r nef
                    Oddi mewn yn creu hyfrydwch
                    Nad oes mo'i gyffelyb ef.
                              William Williams

Amen.

Awst 15: CWMNI DUW.

Luc 12:22-34

Un peth a ofynnais gan yr Arglwydd, dyma'r wyf yn ei geisio:
cael byw yn nhŷ'r Arglwydd holl ddyddiau fy mywyd,
i edrych ar hawddgarwch yr Arglwydd ac i ymofyn yn ei deml. (Salm 27:4)

Y mae'r Salmydd yn amlwg wrth ei fodd yng nghwmni Duw ac yn dymuno bod yn agos ato ar hyd ei oes. Y Deml yn Jerwsalem oedd cyrchfan ei bererindod, ac edrychai ymlaen at gael bod yno gyda'i Dduw. Cofiwn eiriau Iesu Grist:

'Ceisiwch yn gyntaf deyrnas Dduw a'i gyfiawnder ef, a rhoir y pethau hyn i gyd yn ychwaneg i chwi.' (Luc 12:31)

Petai pob gweinidog a blaenor ac aelod eglwysig yn rhoi'r lle blaenaf i Dduw yn hytrach nag i faterion eglwysig, byddai effaith hynny'n fwy amlwg ar y byd na mil o bregethau a channoedd o ddatganiadau doeth. Cofiwn bob amser mai cyfryngau i'n tywys at Dduw yw pob addoldy fel pob pregeth a chymanfa ganu. Nid dibenion ynddynt eu hunain mohonynt.

Trwy fod yn agos at Dduw y sylweddolwn fod ganddo waith arbennig ar ein cyfer.

Gweddïwn:
Arglwydd, gwyddom i Ti ein creu i werthfawrogi ac i fwynhau cwmni'n gilydd, a diolchwn i Ti am holl fendithion ein hymwneud â'n gilydd. Ti sydd wedi darparu'r uned deuluol ar ein cyfer, a'n braint yw derbyn o gyfoeth ei chysur a'i chariad ar daith bywyd. Wrth bwyso ar ffyddlondeb a chydymdeimlad cyfeillion, ac wrth rannu a derbyn, gwyddom i Ti ein creu er llês ac er adeiadaeth ein gilydd.

Arglwydd, wrth ddiolch i Ti yn awr am gwmni'n gilydd, diolchwn yn fwy na dim am dy gwmni Di dy hun. Gwyddom dy fod Ti gyda ni bob amser ac ym mhob man, a'n gweddi yw ar iti'n cadw gyda Thi, oherwydd:

> Gyda Thi mi af drwy'r fyddin,
> Gyda Thi mi af drwy'r tân;
> 'D ofnaf ymchwydd llif Iorddonen
> Ond i Ti fynd yn y blaen:
> Ti yw f'amddiffynfa gadarn,
> Ti yw 'Mrenin, ti yw 'Nhad;
> Ti dy hunan oll yn unig
> Yw fy iechydwriaeth rad.
>   *(William Williams.)*

Amen.

Awst 22: FFYNNON BENDITH.

Eseia 43:1-7; Mathew 8:23-27

*Wrth fynd trwy ddyffryn Baca fe'i cânt yn ffynnon;
bydd y glaw cynnar yn ei orchuddio â bendith.
Ant o nerth i nerth . . .* (Salm 84:6)

Unwaith eto cawn y Salmydd yn defnyddio iaith ddelweddol drosiadol i ddisgrifio taith pobl yr Arglwydd i'r ddinas sanctaidd. Er i'r daith fod yn hir ac yn helbulus, yr oedd Duw gyda'i bobl, a'i nerth yn gynhaliaeth iddynt trwy bob perygl. Ystyr Dyffryn Baca yw un ai, 'dyffryn y coed balsam', neu ynteu 'ddyffryn wylofain', ac mae'n werth dyfynnu yma sylw Gareth Lloyd Jones ar y salm hon yn ei lyfr *Etifeddiaeth Ragorol* (tud.74). Dywed i'r Salmydd ddatgan yn glir:

'. . . na orchfygir y pererinion byth gan anawsterau'r daith, oherwydd y mae ffydd yn agor ffynnon yn nyffrynoedd mwyaf diffaith bywyd. Fel y bendithia'r 'glaw cynnar' y ddaear, felly y bendithia Duw y pererinion. Llygad ffydd sy'n canfod ffynnon yn y diffaethwch ac yn arwain y teithwyr i gredu y gall Duw drawsnewid yr anialdir.'

Gweddïwn:
Ar daith bywyd, Arglwydd, gwna ni'n bobl ddisgwylgar. Cofiwn am addewid Iesu Grist, y rhoddir i bawb sy'n gofyn, y bydd y sawl sy'n chwilio yn cael, ac yr agorir y drws i'r sawl sy'n curo.

Pan fydd y daith yn feichus, a ninnau'n digalonni, Arglwydd cynnal ni.

Pan alwn ar dy enw o ganol y tywyllwch, Arglwydd dyro i ni dy oleuni.

Pan fo'r llwybr yn diflannu i ganol meithder yr anialwch, Arglwydd arwain ni.

Arglwydd, clyw ein gweddi. Amen.

Awst 29: DUW YN GALW

Philipiaid 2:1-11

*Bydded i'r bobloedd dy foli, O Dduw,
Bydded i'r holl bobloedd dy foli di.* (Salm 67:5)

Nid oes dim sy'n fwy niweidiol i fywyd dyn na'i hunanoldeb, a phan hydreiddia hwn i fyd crefydd, gall y canlyniadau fod yn drychinebus. Mor araf ydym ninnau i sylweddoli fod culni enwadol a chystadleuaeth rhwng eglwysi â'i gilydd yn brwydro'n erbyn cynlluniau Duw ac yn rhwystr i ledaeniad ei deyrnas. Dywedodd Iesu Grist:

'Y mae gennyf ddefaid eraill hefyd, nad ydynt yn perthyn i'r gorlan hon. Rhaid imi ddod â'r rheini i mewn . . .' (Ioan 10:16)

Erbyn hyn, y mae maes ein cenhadaeth yn agos iawn atom ym mhob tref a phentref, ac nid oes raid mynd ymhell i ganfod y 'defaid eraill' y cyfeiriodd Iesu atynt. Bwriad Duw yw dwyn pawb ato'i hun a'n braint ni, fel ei weithwyr yn y byd, yw prysuro'r dydd pan fydd pob glin yn plygu iddo a phob tafod yn cyffesu 'Iesu Grist yn Arglwydd, er gogoniant Duw Dad.' (Philipiaid 2:11).

Gweddïwn:
Arglwydd, gwyddom i Ti ein galw i fod yn weithwyr yn dy deyrnas ac yn dystion i'th waith achubol yn Iesu Grist. Bu cenhadon ar hyd y canrifoedd yn tystio i'th ogoniant ac yn arwain pobl i adnabydd- iaeth ohonot, a diolchwn i Ti am ddyfnder eu ffydd ac am eu dyfalbarhad yn dy waith. Gâd i ni gofio, Dad nefol, mai ni yw cenhadon y presennol, a'th fod yn dibynnu arnom, bob un, i dystio amdanat mewn gair a gweithred. Maddau i ni ein hunanoldeb, oherwydd gwyddom inni'n aml fod yn ddall i'n cyfrifoldebau ac yn ddifater yn ein gwaith. Arwain ni i ogoneddu dy enw, yn a thrwy Iesu Grist ein Harglwydd. Amen.

Medi 5: DAROSTWNG Y GELYN.

Effesiaid 6:10-20

Trwot ti y darostyngwn ein gelynion. (Salm 44:5)

Ni fu taith y credadyn erioed yn un hawdd. Bu'n rhaid i'r Salmydd a'i gyfoedion frwydro yn erbyn gwawd a dirmyg eu gelynion, a thrwy ymdrech ac ymgyrch y tyfodd yr eglwys yn y byd. Pobl a ddioddefodd erlid ac anghyfiawnder â'i sefydlodd.

Erbyn heddiw, diflannodd llawer o'r hen elynion allanol, a daeth rhai newydd a llawer mwy cyfrwys i gymryd eu lle. Er na fu i ni eu gweld yn nesu na'u clywed yn dod, rydym yn eu hadnabod yn dda, a hynny am iddynt fanteisio ar ein gwendid ac ymgartrefu yn ein calonnau ar ffurf bydolrwydd a difaterwch.

Onid dyna pam y mae hi mor hawdd gennym bellach ddisgwyl, hyd yn oed yng ngwasanaeth ein Harglwydd, nes y bydd rhywun wedi gofyn inni wneud rhywbeth, ac aros hyd nes bydd rhywun wedi dangos inni sut i wneud, ac oedi hyd nes y bydd rhywun wedi dweud wrthym ni am afael ynddi? Ac onid yr ofn mawr heddiw yw na fydd neb ar ôl yfory i ofyn nac i ddangos nac i ddweud, ac y bydd i'r ffydd Gristionogol ymneilltuol Gymraeg farw dan ein dwylo ni?

Y mae'r gelynion o'n hamgylch ond a ganiatawn iddynt ein trechu, ynteu a glosiwn at Iesu er mwyn i oleuni'r Crist lewyrchu trwom ni a'i fywyd droi'n fywyd ynom? Cofiwn, bob amser, mai'r unig wendid sy'n weddus i'r eglwys yw hwnnw a dardd o'i gwasanaeth ac sy'n tystio i gwmni Iesu Grist.

Gweddïwn:
O Dduw ein Tad gofynnwn am i'th Ysbryd ein hatgyfnerthu a'n cyfarwyddo ac am i ni gael y gras i ddynesu atat;

> Dal fi'n agos at yr Iesu,
>   Er i hyn fod dan y groes;
> Tra fwy'n byw ym myd y pechu,
>   Canlyn dani bura f'oes;
> Os daw gofid a thywyllwch,
>   Rho im argyhoeddiad llwyr,-
> Wedi'r nos a'r loes a'r trallod,
>   Bydd goleuni yn yr hwyr. *(E.Herber Evans.)*

Cyflwynnwn i'th ofal bawb sy'n cael eu blino gan elynion, pob un y mae gofid yn ei lethu a'r rhai y mae dryswch ac amheuaeth yn peri eu bod yn ddiymadferth a di-eneiniad. Cofleidia hwy â'th gariad a rho gysgod dy adenydd i ninnau hefyd wrth i ni geisio dy wasanaethu.

Yn enw Iesu Grist. Amen.

Medi 12: DAL I GREDU.

Ioan 16:16-33

Sut y medrwn ganu cân yr Arglwydd mewn tir estron? (Salm 137:4)

Eiddo'r caethgludion ym Mabilon yw'r geiriau hyn. Yr oedd dinas Jerwsalem wedi ei threchu gan y gelyn, y deml a'r palas wedi eu llosgi'n ulw, a'r teulu brenhinol ynghyd â hufen y wlad wedi eu cipio i'r gaethglud. Nid rhyfedd iddynt ddigaloni'n llwyr yno a chredu bod Duw wedi anghofio amdanynt; a phan ofynnodd rhywrai iddynt eu difyrru â chaniadau Seion, eu hateb oedd na allent ganu a hwythau mor bell o'u mamwlad.

Gyda'r dirywiad mawr yn nifer addolwyr ein heglwysi a chost cynyddol cynnal yr adeiladau, a chyda'r difaterwch affwysol parthed pethau crefyddol sydd yn ein cymdeithas, daeth yn hawdd iawn i ninnau hefyd dybio bod Duw wedi'n gadael, ac nad yw ei ddylanwad bellach yn ein cyrraedd. Dyna'n sicr farn y rhai a ddywed y dyddiau hyn na all neb wneud dim i wella'r sefyllfa. Ond ai dyna a ddywedwn ninnau? Ynteu a gredwn, fel yr emynydd, David Charles, fod Duw o hyd yn adeiladu ei deyrnas:

> Llywodraeth faith y byd
>   Sydd yn ei llaw;
> Mae'n tynnu yma i lawr,
>   Yn codi draw:
> Trwy bob helyntoedd blin
>   Terfysgoedd o bob rhyw,
> Dyrchafu'n gyson mae
>   Deyrnas ein Duw. *(David Charles.)*

Gweddïwn:
Ein tad nefol, gofynnwn i Ti am y sicrwydd dy fod yn agos atom ac nad wyt wedi ein gadael yn amddifad. Maddau i ni am golli ffydd ynot oherwydd amgylchiadau'n cyfnod a dyro inni'r hyder unwaith eto i'th geisio mewn gweddi a'th gyfarch â chân. Argyhoedda ni na allwn byth fod mor bell oddi wrthyt fel ag i fod allan o'th gyrraedd, ac ymlid oddi wrthym bob ymdeimlad o ddigalondid a hunan dosturi. Gwna ni yn weision ffyddlon ac yn wylwyr disgwylgar, yn rhai a fydd trwy eu ffydd a'u hymlyniad yn dystion gwiw i'th deyrnas Di. Amen.

Medi 19: GOFAL DUW.

Mathew 6:25-34

*Cafodd hyd yn oed aderyn y to gartref a'r wennol nyth iddi ei hun,
lle mae'n magu ei chywion, wrth dy allorau di* . . . (Salm 84:3)

Cofiaf fod yn Soar y Mynydd ar ddiwedd Awst un flwyddyn, a sylwi ar brysurdeb y wenoliaid yn hedfan o amgylch y capel bach. Yr oedd degau o nythod ganddynt yn cysgodi dan y bondo, a diben yr holl wibio'n ôl a blaen oedd bwydo'r cywion llwglyd a wingai'n swnllyd yn eu cartrefi bach destlus. Ond go brin fod gwenoliaid nac adar y tô yn nythu rhwng cerrig muriau'r deml yng nghyfnod y Salmydd, oherwydd byddai poethder y cerrig yng ngwres tanbaid yr haul wedi crino'r nythod a'r cywion! Defnyddio iaith ddelweddol a wna'r Salmydd yma i geisio cyfleu llawenydd yr Iddew pan fyddai ar bererindod i ddathlu'r flwyddyn newydd yn y deml yn Jerwsalem. Ai yno yn yr Hydref i ddiolch i Dduw am gyfoeth y tymhorau, ac yn arbennig am fendith y glaw a ddilynai sychder yr haf. Rhôdd Duw oedd llawnder y cynhaeaf, a rhaid oedd diolch iddo am ei haelioni. Ond nid yn unig yr oedd yn llenwi'r ysguboriau, ef hefyd a roddai fywyd newydd yng nghalon y sawl a ymddiriedai ynddo, a rhaid oedd diolch iddo am ei raslonrwydd a'i drugaredd. Fel y mae'r aderyn bach yn nythu mewn man cysgodol, a'r cywion yn deor o'r wyau, felly hefyd y caiff y sawl a ymddirieda yn yr Arglwydd fywyd a gobaith newydd yn ei gysgod.

Gweddïwn:
Diolchaf i Ti, Dad nefol, am ddiogelwch dy gysgod drosof.

Pan ddeffroaf yn y bore, galwaf ar dy enw.
Wrth fynd i'm gwaith, yr wyf yn ymwybodol o'th bresenoldeb.
Yn fy ymwneud â'm cydweithwyr, yr wyt yn arweinydd i mi.
Pan âf i'r stryd, gwn dy fod yn gwmni i mi.
Ar awr ginio, câf ymlacio gyda Thi.
Ynghanol pwysau gwaith y prynhawn, ymddiriedaf yn dy ddoethineb.
Yng nghwmni fy nheulu ar derfyn dydd, diolchaf i Ti.
Tra'n disgwyl cwsg, cyflwynaf yfory i Ti. Amen.

Medi 26: UN BYD, UN ARGLWYDD.

Effesiaid 4:1-16

O Arglwydd ein Iôr, mor ardderchog yw dy enw ar yr holl ddaear!
(Salm 8:1)

Pwysleisia'r Beibl drwyddo draw mai un Duw ac un byd sydd. Pam, felly, y mae cymaint o raniadau yn ein byd ni? Rydym wedi ei rannu'n ddwyrain a gorllewin, gyda'r naill hanner yn gyfoethog a'r hanner arall yn dlawd. Rydym wedi ei rannu'n ogledd a de, gyda un hanner yn freintiedig a'r llall yn ddifraint. Rydym wedi ei rannu'n gyfandiroedd a gwledydd a thiriogaethau, a hynny'n aml gan bwysleisio gwahaniaethau a chreu anghydfod.

Diau fod i genedl a gwlad le yng nghynlluniau Duw ac mai delfryd fawr ei deyrnas ef yw undod mewn amrywiaeth. Ac onid oes yn rhaid i ni heddiw ail ddarganfod ein perthynas â'n creawdwr er mwyn ail-sefydlu ein perthynas â'n gilydd?

Gweddïwn:
Diolchwn i Ti ein Tad am fyd mor hardd ac mor amrywiol. Creaist ef yn fwrlwm o gyfoeth a gosodaist ddyn ynddo i warchod dy greadigaeth a hyrwyddo delfrydau dy deyrnas. Ond cyffeswn, Arglwydd, na fu i ni wneud yn unol a'th ddymuniad ac yn lle'r undod a'r amrywiaeth a fwriedaist Ti y mae rhwygiadau yn nodweddu'r ddynoliaeth a llygredd yn bygwth y byd.

Maddau i ni, O! Arglwydd, ein holl ddiffygion; crea ysbryd newydd o'n mewn, a gosod yn nwfn y galon y dyhead hwnnw i wneud yn unol a'th orchmynion. Sylweddolwn nad oes diogelwch i neb ohonom hebot ac mai drwy ufudd-dod iti y tyf dynoliaeth ar dy lun ac ar dy ddelw.

Drwy rym dy Ysbryd Glân par i'n hufudd-dod fod yn ymateb i'th gariad, a'n gweithgarwch yn ganlyniad i'th ras. Yn enw Iesu Grist. Amen.

Hydref 3: CYMORTH DUW.

Marc 6:45-52

Codaf fy llygaid tua'r mynyddoedd; o ble y daw cymorth i mi?
Daw fy nghymorth oddi wrth yr Arglwydd, creawdwr nefoedd a daear.
(Salm 121:1-2)

Mae'n debyg i'r geiriau hyn fod ymhlith y rhai mwyaf cysurlon a'r mwyaf adnabyddus yn Llyfr y Salmau. Bu i ni eu dysgu yn nyddiau plentyndod, ac ar adegau anodd gallwn eu dwyn i gof, a derbyn rhyw sicrwydd tawel oddi wrthynt.

Dychmygwn ŵr ar ddechrau taith yn syllu ar y mynyddoedd uchel o'i flaen, ac yn gweld y llwybr y mae ar fin ei gerdded yn diflannu rhwng y creigiau. Yn ei ddychryn gofyn gwestiwn; 'O ble y daw cymorth i mi?' Efallai i gyd-deithiwr ei ateb; 'Daw fy nghymorth oddi wrth yr Arglwydd, creawdwr nefoedd a daear.'

Nid yw'r mynydd yn drigfan i Dduw, ac nid yw capel nac eglwys ychwaith yn gartref iddo oherwydd y mae ef, creawdwr nefoedd a daear, uwchlaw'r cyfan.

Gweddïwn:
Trown atat mewn sicrwydd dy fod 'wrth law o hyd i wrando cri,' a chan wybod mai 'nesau at Dduw sy dda i mi.' Yn ein gwendid, Dad nefol, trugarha, a thynn ni atat dy hun. Gwyddom dy fod yn abl i'n codi uwchlaw ein gofidiau a'n cadw yn dy gariad.

Cofiwn yn arbennig bawb sydd wedi colli golwg ar y llwybr yng nghanol arswyd a gofid y byd. Bydd yn oleuni iddynt mewn tywyllwch, ac yn nerth mewn gwendid. Amen.

Hydref 10: GWEDDI A MAWL.

Actau 16:16-40

*Ein cymorth sydd yn enw'r Arglwydd,
creawdwr nefoedd a daear.* (Salm 124:8)

Thema gyson y Salmydd yw ei ddiolchgarwch am amddiffyniad Duw, a dyna'n sicr a geir yn y Salm hon. Yr oedd yn gyfarwydd ag argyfyngau o bob math, rhai mor ofnadwy fel na allai eu disgrifio ond fel ymosodiad byddin, llid gelyn, llifeiriant dyfroedd a gwanc bwystfil am waed. A phwy ohonom na fyddai'n fodlon cymhwyso'r delweddau hyn i fywyd ein hoes ni? Byd ansicr yw ein byd ninnau, fel byd yr Iddew gynt, ac wrth edrych o'n cwmpas gwelwn pa mor amrywiol yw gofidiau dynion. Sylweddolodd y Salmydd, fodd bynnag, fod pob argyfwng yn ei orfodi at Dduw, a dyna hefyd oedd profiad y Pêr Ganiedydd;

> Yn nyfnder twllwch nos
>   Mi bwysaf ar ei ras;
> O'r twllwch tewa' 'rioed
>   Fe ddwg oleuni i maes:
> Os gwg, os llid, mi af i'w gôl,
> Mae'r wawr yn cerdded ar ei ôl. *(William Williams.)*

Gweddïwn:
Ein Tad diolchwn i Ti am dy gwmni, ac am yr addewid na fydd iti byth adael dy bobl. Mewn byd fel hwn, lle y mae cymaint yn dioddef, rhoddwn ein hymddiriedaeth yn llwyr ynot.

Cyflwynwn i'th ofal bawb sy'n teimlo bywyd yn faich, pob un sy'n wynebu argyfwng neu sy'n disgwyl newyddion drwg neu sy' nghanol sefyllfa anodd. Bydd Di yn Dduw hawdd dy gael iddynt, a chynorthwya hwy i osod baich eu gofid ar dy ysgwyddau.

Diolchwn i Ti am dystiolaeth y rhai yn y gorffennol a'th gafodd Di'n geidwad ac yn achubydd ac am yr ysbrydoliaeth a gawn o'u profiad hwy. Arwain ni hefyd i'th geisio, a hynny gyda mawl a diolchgarwch;

Tylawd a noeth, gresynus wyf,
Gwan ac anghenus dan fy nghlwyf;
Mae ffynnon bywyd gyda Thi:
Gweddi a mawl sy'n gweddu i mi. Amen.

Hydref 17: DIOLCHGAWRCH.

Deuteronomiwm 8:11-20

*Y nefoedd, eiddo'r Arglwydd yw,
ond fe roes y ddaear i blant dynion.* (Salm 115:16)

Os yw diolchgarwch yn golygu unrhyw beth, y mae'n golygu ein bod ni'n sylweddoli beth yw ein perthynas â'n creawdwr, a beth yw ein lle a'n hawliau yn y bydysawd. Mae perygl inni gredu fod gennym rwydd hynt i weithredu'n ôl ein mympwy ein hunain, gan anghofio mai eiddo'r Arglwydd yw'r nefoedd. Cofiwn fod rhai pethau yn y byd hwn sy'n perthyn i'r nefoedd ac yn dod dan awdurdod yr Arglwydd, yn hytrach na than awdurdod dyn.

Pobl wedi ein gosod yn denantiaid ar ystadau Duw ydym oll. Mae gennym hawl i drin y tir, ond nid oes gennym hawl i ddifetha'r ddaear. Y mae gennym hawl i ddatblygu'n cymdeithas, ond nid oes gennym hawl i rwygo cymunedau dynion. Y mae gennym hawl i adfer a chryfhau bywyd, ond nid oes gennym hawl i ddileu bywydau'n gilydd.

Mewn perthynas â'r Tad sy'n ein caru, sylweddolwn nad pobl â chennym hawliau ydym, ond yn hytrach pobl sy'n ddibynnol ar oddefgarwch a thrugaredd Duw.

Gweddïwn:
Diolchwn i Ti, Arglwydd, am dy haelioni mawr tuag atom. Cofiwn bob amser mai rhoddwr llawen wyt Ti a'th fod yn rhoi yn ddiarbed i bawb ym mhob cyfnod. Ar ein gŵyl o ddiolchgarwch dymunwn gydnabod dy arglwyddiaeth a phlygu'n edifeiriol ger dy fron gan erfyn am dy faddeuant.

Maddau inni, Arglwydd, am gredu mai ein heiddo ni yw'r byd a'r cyfan sydd ynddo, ac am ymddwyn mor anghyfrifio tuag at ein gilydd.

Maddai inni ein hunanoldeb a'n trachwant, ac arwain ni i hiraethu a gweddïo am y dydd pryd y gwneler dy ewyllys ar y ddaear megis y mae yn y nefoedd. Gofynnwn hyn yn enw Iesu Grist. Amen.

Hydref 24: GOGONIANT DUW A DYN.

Hebreaid 3:1-6; 4:14-5:10

*Eto gwnaethost ef ychydig islaw Duw
a'i goroni â gogoniant ac anrhydedd.* (Salm 8:5)

Onid yw'n bwysig cadw mewn cof bob amser inni gael ein creu ar lun a delw Duw'r Tad a anfonodd ei Fab i'r byd? Trwy'r ymwybyddiath hon y gwyddom inni fel y Mab gael ein galw i waith arbennig.

Cofiwn i Iesu ddwyn Pedr, Iago ac Ioan i ben mynydd uchel, ac iddynt yno fod yn dystion o'r gweddnewidiad ac o ymwneud Iesu â Moses ac Elias. Yr oedd Pedr yn amlwg am ddal gafael ar y profiad, ac awgrymodd godi tair pabell ar ben y mynydd er mwyn gallu aros yno. Ond gwrthod y fath awgrym a wnaeth Iesu, ac yn fuan bu'n rhaid dychwelyd i'r dyffryn i wynebu gwaith a phroblemau'r dydd drachefn. Trwy'r profiad byth-gofiadwy hwnnw derbyniodd y tri disgybl sicrwydd o ddwyfoldeb eu meistr ac fe'u hatgoffwyd hefyd nad oedd unrhyw brofiad yn werthfawr os parhai'n ddi-gyswllt â'r byd.

Gogoniant y digyblion oedd gwasanaethu yng nghwmni, ac mewn perthynas â'u Harglwydd a dyna'n sicr ein gogoniant ninnau hefyd. Mae mor hawdd caniatau i'r rhwystrau a'r ofnau ein digaloni a'n llethu os na chadwn ein golygon at Iesu Grist, ac y mae yr un mor hawdd syllu'n lygadrwth arno ac anghofio am ei genhadaeth fawr i'r byd.

Gweddïwn:
O Dduw ein Tad diolchwn am brofiadau pen y mynydd pryd y bu i ninnau hefyd brofi dy fendithion;
bendith cysegredigrwydd a sancteiddrwydd
bendith addoliad a gweddi
bendith perthynas â Thi a mwynhad ohonot.

Cadw ni er hynny rhag tybio y gallwn aros yn dy gwmni heb wneud dy waith. Ein galw i lafurio yr wyt Ti a'n pennaf fraint yw ymateb i'th alwad. Gad i ninnau felly ddweud gyda'r emynydd;

> Yn dy waith y mae fy mywyd,
> Yn dy waith y mae fy hedd,
> Yn dy waith dymunaf aros
> Tra fwy'r ochr hyn i'r bedd;
> Yn dy waith ar ôl mynd adref,
> Trwy gystuddiau rif y gwlith:
> Moli'r oen fu ar Galfaria-
> Dyma waith na dderfydd byth. Amen.
> *(Y Parchg Evan Griffiths, Abertawe.)*

Hydref 31: CWMNI'R BUGAIL.

Ioan 10:1-21

Gwybyddwch mai'r Arglwydd sydd Dduw, ef a'n gwnaeth, a'i eiddo ydym, ei bobl a defaid ei borfa. (Salm 100:3)

H.V.Morton, yn ei lyfr 'In The Steps Of The Master', sy'n disgrifio bugail ar fryniau Jericho yn arwain ei braidd o'r dyffryn serth i ddiogelch y gwastadeddau. Pan arhosodd y ddiadell i bori, gwaeddodd y bugail arni â llais uchel, ond y ddafad flaen, a chanddi gloch am ei gwddf, oedd yr unig un i ymateb i'w alwad. Dilynnodd hi ef gan adael y gweddill i bori. Diflannodd y bugail a'r ddafad, a phan sylweddolodd y gweddill o'r defaid eu bod wedi mynd, gadawsant y borfa a dilyn sŵn y gloch, gan wybod bod eu diogelwch yn ddibynnol ar bresenoldeb y bugail.

Heb Iesu Grist, meddai Ioan, rydym ninnau mewn perygl oddi wrth y pethau hynny a all ddinistrio bywyd, sef casineb, dialedd, braw angau a difodiant. Y mae Iesu Grist yn abl i'w cadw draw, ac un o themâu mawr efengyl Ioan yw ceidw yn ddiogel y rhai a roddwyd i'w ofal. Bu iddo ymddwyn fel gwir fugail a phrofi ei werth trwy roddi ei fywyd dros y defaid.

Gweddïwn:
Deuwn i ddiogelwch dy bresenoldeb, Arglwydd, a diolchwn i Ti am dy ofal cyson drosom;
> A fu cyn dirioned Bugail,
> Neb erioed mor fwyn ei fryd
> A'r Gwaredwr a fu'n gwaedu
> Er mwyn casglu'i braidd ynghyd?

Cofiwn dy fod yn abl i'n cynnal a'n nerthu ym mhob amgylchiad, ac ymostyngwn i'th arweiniad cadarn;
> Cans mae cariad Duw'n ehangach
> Na doethineb eitha'r byd;
> Ac mae calon yr Anfeidrol
> Yn rhyfeddol fwyn o hyd.
> *(F.W. Faber cyf J.T. Job.)*

Gwyddost yn dda am bob rhinwedd a gwendid sy'n eiddo inni, a gwyddom na allwn guddio dim oddi wrthyt. Erfyniwn arnat i faddau ein holl grwydradau ffôl ac i'n tywys yn ôl i ddiogelwch dy gorlan. Amen

Tachwedd 7: PROFIAD O DDUW.

Actau 26

*Cododd fi i fyny o'r pwll lleidiog, allan o'r mwd a'r baw;
gosododd fy nhraed ar graig, a gwneud fy nghamau'n ddiogel.* (Salm 40:2)

Mor gyfoethog yw profiad y Salmydd! Un o eiriau coll ein crefydd ni, bellach, yw profiad. Cafodd ei ddisodli gan eiriau eraill, megis gwybodaeth, rheswm a damcaniaeth, a llithrodd y profiad Cristionogol i'r cefndir. Er na chawn fyth brofiad golau heb wybodaeth o'r gair ac o'r hyn a ddatguddiodd Duw trwy ei ras i ni, y mae profiad o hyd yn holl bwysig. Ni cheir ffydd heb brofiad, a gwaith yr eglwys yw cynhyrchu addolwyr, sef pobl a chanddynt brofiad o berthynas â Duw. Fel addolwyr, a thrwy emyn a phregeth, sacrament a gweddi, y dyfnheir ein profiad o ymwneud Duw â ni yn Iesu Grist.

Pan aeth dau o fyfyrwyr John Duncan, yr ysgolhaig Hebraeg o'r Alban, y tu allan i ddrws ei ystafell wely i wrando arno'n gweddïo, gan ddisgwyl ei glywed yn adrodd ei bader mewn Hebraeg, dyma'r hyn a glywsant:

> Gentle Jesus, meek and mild,
> Look upon this little child;
> Pity my simplicity,
> Suffer me to come to thee.

Ni ŵyr y pagan mwyaf argyhoeddedig beth all fod dylanwad un gair o Efengyl Mab Duw arno, ac ni wyddom ninnau, er gwendid ein profiad, beth fydd Duw ei hun yn ei ofyn gennym.

Gweddïwn:
Derbyn ni o'r newydd yn awr, Dad nefol, a llanw ni â phrofiad byw ohonot.

Llanw'n meddwl â'th gariad.
Llanw'n calon â'th addfwynder.
Llanw'n genau â'th wirionedd.
Llanw'n clust â'th hyfrydlais.
Llanw'n llygaid â'th ogoniant.

Llanw ni â sicrwydd dy bresenoldeb, ac arwain ni i adnabyddiaeth lawn ohonot; a boed i'r cyfan ohonom fynegi dy glod, heddiw ac yn oes oesoedd. Amen.

Tachwedd 14: BARA'R BYWYD.

Ioan 10:7-21; Datguddiad 22:1-5

Oherwydd gyda thi y mae ffynnon bywyd. (Salm 36:9)

Beth yw'r 'bywyd' hwn y cyfeirir ato o hyd yn y Beibl? Ar ddechrau Llyfr Genesis cyfeirir at bren y bywyd, ac yna, ym mhennod olaf Llyfr y Datguddiad, sonnir am afon dŵr y bywyd. Dywedodd Iesu Grist iddo ddod i'r byd i roi bywyd yn ei holl gyflawnder. Beth yw hwn felly, a sut gallwn ei feddiannu? Dywed y Testament Newydd wrthym mai perthynas rhwng dyn a Duw trwy ffydd yw'r bywyd, a bod hynny'n golygu adnabod Iesu Grist a byw'n feunyddiol yn ei gwmni.

Rhodd oddi wrth Dduw yw 'bywyd' y Beibl. Nid ei ddarganfod na'i greu ohonom ein hunain a wnawn, ond yn hytrach ei dderbyn. Nid doniau meddyliol na gallu ymarferol a ddaw â'r bywyd hwn inni, ond parodrwydd syml i ymddiried ac i ddilyn. Ni allwn ei haeddu na'i ennill, ond rhaid cydnabod ein hangen amdano. Yn ei angen, llawenydd i'r Cristion yw derbyn rhodd.

Gweddïwn:
Gofynnwn i Ti o Dduw am y gras i allu ymagor iti, i dderbyn yn ostyngedig y bywyd a roddi i'th bobl, ac i ymddiried ynot. Sylweddolwn fod pob math o bethau yn mynd â'n bryd yn aml, a chofiwn o'r gorau am y modd y bu i ni gael ein llygaid dynnu yn y gorffennol. Do, fe fu i ni ymwrthod â ffynnon y dyfroedd byw a chloddio i ni ein hunain bydewau na ddaliant ddŵr. Maddau inni Arglwydd, ac yn dy drugaredd cynnal ni;
      Yn fy newyn mawr a'm carpiau,
        Trof fy Wyneb tua'r nef;
     O dan glwyfau calon ddrylliog
       I ble'r af ond ato ef?
         Golud Iesu-
      Dyna nefoedd f'enaid tlawd.

(William Morris.)

Amen.

Tachwedd 21: Brenhiniaeth Duw.

1 Pedr 1:13 – 2:10

Y mae'r Arglwydd yn frenin . . . (Salm 99:1)

Yr oedd sancteiddrwydd Duw yn brofiad gwironeddol i'r Iddew. Mewn addoliad a gweddi, myfyrdod a gwasanaeth, yr oedd wedi profi sancteiddrwydd yr Arglwydd, a phrif nodwedd y Duw sanctaidd oedd ei frenhiniaeth.

Er fod Duw yn fwy na ni ac yn wahanol inni, ac er ei fod yn disgwyl inni godi ein golygon tuag ato, y mae hefyd yn cofio pwy ydym, ac ym mha fath o fyd yr ydym yn byw ynddo. Yn Iesu Grist gwisgwyd mawredd Duw mewn gwendid a'i frenhiniaeth mewn gwasanaeth.

Yng ngoruwch ystafell y Swper Olaf, yng ngardd Gethsemane ac ar Groes Calfaria, gwelwn y brenin yn dioddef a sylweddolwn nad oedd ei fawredd yn rhwystr i'w frawdgarwch na'i frenhiniaeth yn llestair i wasanaeth, ac am hynny yr oedd ei fywyd cyfan yn datgan mai 'sanctaidd yw ef'.

Pa ryfedd i Titus Lewis ganu;

> Mawr oedd Crist yn nhragwyddoldeb,
>   Mawr yn gwisgo natur dyn;
> Mawr yn marw ar Galfaria,
>   Mawr yn maeddu angau'i hun;
> Hynod fawr yw yn awr,
> Brenin nef a daear lawr. *(Titus Lewis.)*

Gweddïwn:
Wrth godi ein golygon atat yn awr, Dad nefol, a'th gydnabod yn frenin, rhyfeddwn at odidowgrwydd dy ogoniant.

Plygwn wrth dy orsedd gan ddiolch i Ti am odidowgrwydd dy ras, ac erfyniwn am nerth i ufuddhau i'th orchmynion ac i'th wasanaethu mewn ffyddlondeb.

> Rho imi nerth i wneud fy rhan
> I gario baich fy mrawd;
> I weini'n dirion ar y gwan,
> A chynorthwyo'r tlawd.
>   E.A. Dingley cyf W. Nantlais Williams.

Amen.

Tachwedd 28: DISGWYL WRTH DDUW.

Luc 1:26-38

Disgwyliaf wrth yr Arglwydd, y mae fy enaid yn disgwyl. (Salm 130:5)

'Bydd hwn yn fawr a Mab y Goruchaf y gelwir ef,' oedd neges yr angel Gabriel i Mair, ac yn sicr, parodd clywed y geiriau hyn iddi ddisgwyl pethau mawr gan Iesu.

Bu disgwyl yn nodwedd amlwg ymhlith pobl yr Arglwydd ar hyd y canrifoedd. Disgwyliai'r genedl am y dydd y dychwelai Duw Israel i farnu'r drwg ac i gynnull yr etholedigion ato'i hun, a digwyliai'r Eglwys Fore, hithau, am ddydd ail-ddyfodiad Iesu Grist. Efallai bod y syniad o ddychweliad a barn yn amrwd, ond yr oeddynt i'w harddelwyr, yn symbyliad i ddisgwyl.

Diflannodd yr elfen o ddisgwyl o'n crefydd, ac arweiniodd ein bodlonrwydd at ddiffyg gweledigaeth ac ymroddiad. Aethom yn bobl ofalus heb ddim i anelu ato nac i obeithio amdano.

'Hwn fydd mawr,' meddai Gabriel, ac roedd yn iawn. Gwir mai marw ar groes rhwng lladron ar fryn y tu allan i furiau'r ddinas fu ei ran, ond er hynny, gallwn dystio i wirionedd geiriau Iesu yn efengyl Ioan:
   'Os dyrchefir fi oddi ar y ddaear mi dynnaf bawb ataf fy hun.'

Gweddïwn:
Gwêl ni yma'n disgwyl amdanat, Arglwydd, a thrugarha wrthym.

Trugarha wrth wendid ein ffydd, a chryfha ni yn sicrwydd dy bresenoldeb.
Trugarha wrth ein llesgedd yn dy waith, a bywha ni â grym dy ysbryd.
Trugarha wrth ein difaterwch a phlanna ynom weledigaeth o'r bywyd newydd.
Trugarha wrth ein hunanoldeb, a gwna ni'n hael yn dy gariad.
Amen.

Rhagfyr 5: LLUSERN I'M TROED.

Ioan 1:1-18

Y mae dy air yn llusern i'm troed, ac yn oleuni i'm llwybr. (Salm 119:105)

Cyfeirir yn aml at Dduw yn y Beibl fel y goleuni. Yn y Salm hon llusern ydyw, fflachlamp yr oes fodern, sef y golau bach defnyddiol hwnnw sy'n ein cadw rhag baglu a syrthio yn y nos. Y mae Gair Duw wedi goleuo'r ffordd ar hyd y canrifoedd, gan ddangos y peryglon a chynnig cysur a chynhaliaeth i bererinion.

Flynyddoedd yn ôl yng Nghymru, ceid y fath beth â Beibl y Teulu ar bob aelwyd, ac yn y Beiblau mawr hyn cofnodid dyddiadau a manylion geni, priodi a marw dros genedlaethau. Ystyrid ef yn wahanol i bob llyfr arall a châi ei barchu. Darllenid ohono pan oedd y babi yn ei grud a'r pâr ifanc wrth yr allor, a phan welid arch ar yr aelwyd. Erbyn heddiw, os oes Beibl yn y cartref, y mae gan amlaf o'r golwg neu'n hel llwch yn y cwpwrdd llyfrau, a go brin y caiff ei barchu drwy gael ei ddefnyddio.

Ni fu erioed cymaint o angen Gair Duw yn llusern nag yn ein cymdeithas ni, oherwydd trwyddo clywir llais Duw yn ein cyfeirio at Ffordd y Bywyd; a ffordd cariad a thrugaredd a chyfiawnder yw honno yn ddieithriad.

Gweddïwn:
Diolchwn i Ti, Arglwydd, am oleuni'r Gair ar lwybr bywyd.

Yng nghanol profiadau chwerw diolchwn i Ti am obaith y Gair.
Yng nghanol tristwch a digalondid, diolchwn i Ti am lawenydd y Gair.
Yng nghanol prysurdeb a dryswch, diolchwn i Ti am dangnefedd y Gair.

Cadw ni, Arglwydd, yn sicrwydd ac yng ngorfoledd y Gair. Amen.

Rhagfyr 12: AILDDARGANFOD Y NADOLIG

Mathew 2:1-12

Dewch, addolwn ac ymgrymwn,
Plygwn ein gliniau gerbron yr Arglwydd a'n gwnaeth. (Salm 95:6)

Pan deithiodd gwraig a fu'n gweithio ymysg tlodion yr India yn ôl i Gymru i dreulio'r Nadolig yng nghwmni ei theulu, synnodd gymaint wrth weld maint masnach Nadolig y wlad hon, nes penderfynu dychwelyd i'r India ar fyrder.

Cardiau ac anrhegion a bwyd a diod sy'n mynd â bryd y mwyafrif dros yr ŵyl, ac er nad oes dim yn bod arnynt ynddynt eu hunain, pethau ydynt, er hynny, sy'n amherthnasol i wir neges y Nadolig.

Onid oes angen inni, yn y gorllewin, ailddarganfod gwir ystyr y Nadolig, a chanolbwyntio'n sylw ar Iesu Grist er mwyn gweld o'r newydd Fab Duw yn gwisgo cnawd, a mynd yng nghwmni'r bugeiliaid a'r doethion i blygu'n wylaidd wrth y crud.

>   Daeth angylion gynt i Fethlem
>   I groesawu Brenin nef;
>   Daeth y doethion a'r bugeiliaid
>   Yno at ei breseb ef;
>   Deuwn ninnau
>   Heddiw'n wylaidd at ei grud.
>   *(Gwilym R. Tilsley.)*

Yn y baban a anwyd ym Methlehem, a groeshoeliwyd ar Galfaria ac a atgyfododd ar y trydydd dydd, y mae llawenydd a thangnefedd, a sicrwydd a gobaith sy'n aros hyd byth.

Gweddïwn:

Arglwydd, deuwn ninnau yng nghwmni teulu'r ffydd i dalu gwrogaeth i waredwr y byd. Plygwn yn wylaidd a gostyngedig wrth ei grud a'i gyffesu yn arglwydd a brenin. Yn ei wendid y mae nerth, ac yn ei wyleidd-dra y gwelwn wir ogoniant.

Rho i ninnau y gras y Nadolig hwn i ddynesu at ei grud a'i addoli;

>   Down at grud y Baban tirion,
>   Plygwn lin
>   Yn gytun
>   Megis gwnaeth y doethion.
>
>   Mae y seren eto'n olau,
>   Yn y nen,
>   Uwch ein pen,
>   Fe oleua'n llwybrau.
>
>   Mae yr Iesu yn y nefoedd,
>   Gobaith byd
>   Ddaeth o'r crud,-
>   Molwn yn oes oesoedd.
>   *(D. Glyn Lewis.)*

Rhagfyr 19: Y Nadolig. ADNABOD Y GWIRIONEDD.

Luc 2:8-21

Anfon dy oleuni a'th wirionedd, bydded iddynt fy arwain. (Salm 43:3)

Gweddi yw'r Salm hon am arweiniad a chadernid Duw yng nghanol dryswch a dieithrwch. Ar y Nadolig, onid oes rhyw ddryswch o'n cwmpas ninnau, a gwir ystyr yr Ŵyl o'r golwg y tu ôl i'r goleuadau a'r anrhegion, y gwledda a'r cymdeithasu. Peth hawdd fydd i'r gwirionedd fynd ar goll yng nghanol y dathlu eleni ac i ninnau gyrraedd y flwyddyn newydd yn swrth a diymadferth heb wybod yn iawn beth fu ystyr y cyfan.

Cofiwn i Peilat ofyn i Iesu 'Beth yw gwirionedd?', ond safodd Iesu'n fud o'i flaen gan wybod fod y rhaglaw yn edrych ar y Gwirionedd ond heb ei adnabod.

Tyfodd y baban Iesu yn Grist byw, ac nid oedd grym Rhufain yn abl i'w wrthsefyll. Beth a welwn ni yn y preseb eleni? Baban dinod, yntau holl rym a nerth a mawredd y Duwdod wedi dod yn ddyn? Ar y Nadolig, gweddïwn ar i wirionedd Duw amlygu ei hun ym mywyd pob un ohonom.

Gweddïwn:
Yng nghanol sŵn a phrysurdeb dathliadau'r ŵyl, diolchwn i Ti am y munudau tawel hyn yn dy gwmni. Yn y distawrwydd boed i ninnau, fel y bugeiliaid gynt, wrando ar gân yr angylion, a rhyfeddu at ei chynnwys:

> '. . . ganwyd i chwi heddiw yn nhref Dafydd waredwr, yr hwn yw'r Meseia, yr Arglwydd.'

O'i chlywed o'r newydd, arwain ni i Fethlehem i weld y baban Iesu, a'i addoli yn Arglwydd ac yn Frenin. Amen.

Rhagfyr 26: GWEDDI AM UNDOD.

Effesiaid 2:11-22

*Adeiladwyd Jerwsalem yn ddinas lle'r unir y bobl â'i gilydd.
Gweddiwch am heddwch i Jerwsalem . . .* (Salm 122:3,6)

Y mae rhyw hyfrydwch yn perthyn i'r gerdd hon wrth i'r Salmydd glodfori'r ddinas sanctaidd ac yntau'n amlwg wrth ei fodd yn addoli Duw oddi mewn i'w chaerydd. Cofiwn i Iesu Grist wylo dros y ddinas a chyhuddo'i phobl o beidio ag adnabod ffordd tangnefedd. Dangosai'r canrifoedd i'r Hebreaid wrthod y rhai a geisiodd arwain y genedl i gyfeiriad daioni a chyfiawnder, a phan ddaeth Mab Duw ei hun i'w plith, gwrthodwyd yntau'n ogystal.

Beth amdanom ni, heddiw, ar y Sul arbennig hwn ar drothwy'r trydydd mileniwm? Ai ei dderbyn, ynteu ei wrthod a wnawn? Yr un sydd â'i werthoedd a'i ddulliau mor wahanol, ac sy'n dangos yn glir mai mewn gwendid y mae gwir nerth, ac mai mewn gostyngeiddrwydd y mae gwir fawredd? Gweddïwn am weld gwawrio'r dydd pan dry ef ein gwerthoedd wyneb i waered a phan fydd cymod a thrugaredd Duw yn dwyn pawb i gymod â'i gilydd.

Gweddïwn:
Arwain ni, Arglwydd, i ymroi o'r newydd i'th wasanaeth.

Diolchwn am bawb a fu'n ffyddlon i'r da a'r gwir ar hyd y cenedlaethau, am y rhai a lafuriodd yn dy enw, ac am bawb a roddodd o'u gorau yng ngwaith dy deyrnas. Sylweddolwn na fyddai gennym destun i na chân na moliant oni bai i Ti ddatguddio dy hun inni, a gofynnwn yn awr am y gras a'n gwna ninnau'n ddisgyblion gwiw i'r Arglwydd Iesu Grist.

Cynorthwya ni i ddysgu oddi wrth gamgymeriadau'r gorffennol fel y gallwn gamu'n hyderus i'r dyfodol yn dy gwmni. Boed inni gefnu ar bob rhagfarn a difrawder a byw i'th ogoneddu.

Ar y Sul arbennig hwn, planna ynom weledigaeth o fyd newydd yn llawn o'th ogoniant a'th gariad. Amen.

Atodiad

Gweddïau

GWEDDI DROS LWYDDIANT PREGETHU'R GAIR

'Yn ein calon, Athro da,
Ysgrifenna D'eiriau;
A'n hyfrydwch beunydd fo
Rhodio yn dy lwybrau.'

Am y Gair a ddaeth yn gnawd yn Iesu Grist,
ac a drigodd yn ein plith ni,
diolchwn.

Am y cyfryngau gwahanol a feddwn
i ddod i adnabod Iesu Grist yn well,
canmolwn Di.

Mae'r Ysgrythurau'n tystio amdanat.
Mor fawr yw ein dyled
i'r rhai a ofalodd fod y Gyfrol Sanctaidd yn rhan o'n hetifeddiaeth ni.
Bu dy Air yn llusern i'n traed.
Bu'n llewyrch i'n llwybrau.
Bydded iddo lewyrchu yn ein calonnau ni,
gan roi inni oleuni gwybodaeth gogoniant Duw
yn wyneb Iesu Grist.

Diolch am y rhai a ysbrydolwyd i ysgrifennu hanes Iesu.
Diolch am amynedd a diwydrwydd cyfieithwyr y Gair
i ieithoedd gwahanol, gan sicrhau fod
Beibl i bawb o bobl y byd.

Diolchwn am y rhai a weithiodd yn gwbl ddiarbed yn wyneb
rhwystrau a chaledi i fynd â'r gyfrol sanctaidd
i bedwar ban byd.

Rho awydd ynom ni i gynnig y Newyddion Da
i ddefaid crwydredig Cymru, ein gwlad.

Defnyddia ni i hyrwyddo dy deyrnas
– yn ein cymdogaethau gwahanol –
i amlygu cariad a thosturi'r Gwaredwr
at bawb.

Atgoffa ni fel y bu Iesu, yn ystod ei weinidogaeth,
yn cynnig yr Efengyl i
gasglwyr trethi,
pysgotwyr,
gwahangleifion,
publicanod a phechaduriaid.

Dysg i ninnau, fel Paul gynt, i dystio nad oes arnom
'gywilydd o'r Efengyl,
am mai gallu Duw yw hi ar waith
er iachawdwriaeth i bob un sy'n credu.'

Rho i ninnau ddewrder a phenderfyniad
i ddilyn esiampl aelodau'r Eglwys Fore
i bregethu 'wrth fynd' o gwmpas y wlad.
Gwna ni'n deilwng o'r enw a roddaist arnom,
fel y daw eraill o hyd i'r ffordd sy'n arwain atat.

Gelwaist bregethwyr grymus
i gyhoeddi'r Gair o bwlpudau Cymru.
Gelwaist eraill i'w hanfon fel cenhadon
i bedwar ban y byd.

Edrych arnom yn dy dosturi heddiw.
Cryfha ni.
Nertha ni i fod yn gyfryngau
i bregethu'r Newyddion Da am Iesu Grist a'i farwol glwy.

Agor galonnau pobloedd lawer
i dderbyn nerth yr Ysbryd Glân
fel y bydd iddynt ddod o hyd
i'r iachawdwriaeth yn Iesu Grist.

Gwyddom trwy brofiad personol
fod y Gair yn ein bywhau.

Dwyn ar gof yn gyson i ni'r adnodau hynny all godi'n calon
pan fo'n hysbryd yn isel a'n ffydd yn wan.

Cofiwn eiriau'r proffwyd Eseia:
  'Y mae'r rhai sy'n disgwyl wrthyt Ti
  yn adennill eu nerth;
  maent yn magu adenydd fel eryr,
  yn rhedeg heb flino,
  ac yn rhodio heb ddiffygio.'

Boed i eiriau felly'n hysbrydoli ni
i fynd allan i'r byd gan gyhoeddi neges adfywiad.
Cryfha'n tystiolaeth
fel y gallwn yn wrol sôn
am yr Efengyl sanctaidd.
Gwna'n pregethu'n rymus, ac yn llawn argyhoeddiad
fel y gwelir pobloedd lawer yn troi atat.

Diolchwn am bob cyfle i bregethu'r Gair,
a chael ein hatgoffa o eiriau Paul:
'Gwae fi oni phregethaf yr Efengyl.'

'Diolch i Ti, yr Hollalluog Dduw,
   Am yr Efengyl sanctaidd.
      Haleliwia. Amen.'

GWEDDI DROS YR EGLWYS YN NYDD YR WRTHGILIAD

I

O! Dduw, ein Tad Nefol,
Sancteiddier dy enw.

Wele ni, aelodau dy Eglwys,
   wedi dod ynghyd i'th foli a'th fawrygu,
   i wrando'th Air ac i ganu'th glod.
Ti a'n ffurfiaist ar dy lun
   a'th ddelw dy hun
   i adlewyrchu dy lun
   ac i rannu dy ogoniant.

Diolchwn i Ti yn awr
   am dy ddaioni i ni ac i bob un,
   ond uwchlaw pob dim
   diolchwn i Ti am ymweld â ni
   drwy dy Fab, ein Harglwydd Iesu Grist,
   a'n prynu i ryddid
   drwy ei aberth ef un prynhawn
   ar Groes Calfaria.

Maddau i ni, O! Dduw, am anghofio'n aml
   yr ing a'r poen, y gwewyr a'r trallod,
   a'r pris a dalwyd yno
   drosom ni.
Maddau i ni am osod blaenoriaethau eraill
   o flaen dy flaenoriaethau Di.
Maddau i ni am ymddwyn
   yn ddall i gyflwr yr anghenus,
   yn fyddar i alwad y newynog,
   yn ddiymadferth i rwystro drygioni,
   yn fud i hysbysu dyfodiad dy Deyrnas,
   yn amharod i gyhoeddi'n llawen y Newyddion Da
   am dy gariad anfeidrol a'th faddeuant.

Dysg ni, Arglwydd,
   i'th wasanaethu fel yr haeddi;
   i roi heb gyfri'r gost;
   i frwydro heb ystyried y clwyfau;
   i weithio heb geisio gorffwys;
   i lafurio heb ddisgwyl unrhyw wobr
   ond gwybod ein bod yn gwneud dy ewyllys Di.

II

Y dydd hwn, O! Dduw,
   helpa ni i gydnabod ein cyflwr presennol,
   i ddeall i ni grwydro fel defaid
   oddi wrth yr hen lwybrau,
   a chefnu ar draddodiadau da ein cyndeidiau
   wrth feddwl yn unig am y byd hwn a'i bethau,
   a thorri'r Cyfamod hwnnw a fu gynt
   pan addawsom fod yn 'bobl i Ti.'

Estyn dy fraich amdanom
   ac adnewydda, O! Dduw, y berthynas rhyngom
   a chaniata i ni gyffesu o'r newydd:
   Iesu Grist yn Arglwydd a Gwaredwr.
Ysgoga ni i gydweithio mewn ysbryd cariad
   â'n cyd-aelodau yn dy Eglwys.
Gwna ni gymryd dy Air yn rheol bywyd
   fel y gostyngwn i ddisgyblaeth a threfn
   dy Eglwys ym mhob peth.
Cymer drugaredd arnom.
   oherwydd Ti yw ein Duw
   a ninnau'n bobl i Ti, a defaid dy borfa.

Bywha Di ein cydwybod, O! Dduw,
   â'th sancteiddrwydd,
portha ein meddwl â'th wirionedd,
pura ein dychymyg â'th harddwch,
agor ein calonnau i'th gariad,
a phlyg ein hewyllys i'th bwrpas dwyfol.

Gofynnwn hyn oll
   drwy Iesu Grist, ein Harglwydd a'n Gwaredwr,
   gyda Thi a'r Ysbryd Glân,
   un Duw, yn awr a hyd byth bythoedd.
Amen.

GWEDDI DROS Y RHAI SY'N DIODDEF

O! Dduw ein Tad,
   trown atat o ganol byd a bywyd sydd yn llawn problemau,
   ac estyn i Ti ein diolch.

'**Fy enaid, bendithia'r Arglwydd,**
a phaid ag anghofio'i holl ddoniau:
ef sydd yn maddau fy holl droseddau,
yn iacháu fy holl afiechyd;
ef sy'n gwaredu fy mywyd o'r pwll,
ac yn fy nghoroni â chariad a thrugaredd;
ef sy'n fy nigoni â daioni dros fy holl ddyddiau . . .'

O! Dduw, na foed inni anghofio
   pa mor ddibynnol ydym arnat
   am bob arwydd o fendith a charedigrwydd
   a dderbyniwn gydol ein bywyd,
   a'th fod yn maddau hyd yn oed i mi,
   y llai na'r lleiaf o'r holl saint.
Gan wybod hynny,
   cynysgaedda ni â'r daioni angenrheidiol
   i ymestyn ymgeledd yn dy enw
   i'r rhai, yn ein byd, sydd heddiw'n ffaelu.
Tro ni yn ddwylo a thraed
   dros yr Un sydd â'r gallu ganddo
   i gwrdd â phawb beth bynnag a fo eu angen.

Helpa ni i weld gyda llygaid Iesu
   ac ymateb fel yr ymatebai ef.

Yn ein cartrefleoedd,
yn ein cymunedau,
yn ein gwlad
a thrwy'r byd yn gyfan,
   mae rhai sy'n dioddef o boenau corfforol enbyd,
   rhai yn wynebu'r gelyn olaf mewn braw mawr;
   rhai ar goll o'r tu fewn i feddwl dryslyd
      yn cael eu harteithio gan ofidiau llethol;
   rhai yn dioddef colli eu hannibyniaeth a gwybodaeth o'u hunain.
   rhai yn cael eu trechu gan hiraeth a siom,
   rhai yn gaeth i gyffur a gwagedd.

Ym mhedwar ban byd,
   mae teuluoedd a phlant o dan faich gorthrwm yn ceisio ymgodymu
      a'u byd yn cau amdanynt;
   eraill yn ymgiprys â sefyllfaoedd anwar
      a'u byd yn trengi o'u dan eu traed.
Crwydra'r digartref ein strydoedd yn ddiamcan.
Clywn yr amddifad ar y cyfandiroedd yn ochneidio'r annhegwch
   a gynhaliwyd yn eu herbyn.

O! Dduw, ein Tad, 'atat Ti y daw pob cnawd.'
Yn ein nerth ein hunain, er ein holl amcanion,
  wnawn ni ddim cwrdd â'r byd yn ei drybini.
Eto, cynnal dy ffyddlon rai rhag cael eu dadrithio
  fel y medrwn fentro yn erbyn anfadwaith dyn a natur
  i estyn cariad Calfarî
  a hynny heb gyfri'r gost
  ond gwybod fod dy ewyllys Di'n cael ei gwneud.
Amen.

GWEDDI DROS Y RHAI SYDD YNG NGWASANAETH YR EFENGYL

O! Dduw ein Tad,
wrth i ni agosáu atat mewn gweddi,
helpa ni i gofio am y rhai a'th wasanaethodd Di o oes i oes
ac a dystiolaethodd i'w ffydd mewn bywyd a marwolaeth.
Arwain ni i weld o'r newydd ehangder a phwysigrwydd y dasg
o rannu'r Newyddion Da i bawb, ym mhob sefyllfa,
a bod cyhoeddi'r neges yn rhan annatod o fod
yng ngwasanaeth yr Efengyl.

Diolchwn i Ti, O! Arglwydd,
am y cenhadon a anfonaist i'n byd dros y canrifoedd,
y proffwydi a'r offeiriaid,
yr esiampl a roddwyd i ni ym mywyd y disgyblion gynt
wrth iddynt adael popeth er mwyn dy wasanaethu Di.
Diolchwn am gadernid eu tystiolaeth
wrth ddechrau lledaenu'r Efengyl i'r byd.
Diolchwn am eu hymrwymiad i'th wasanaeth.
Diolchwn am eu dewrder a'u haberth.
Dioddefodd cymaint ohonynt;
collodd rhai eu bywydau, wrth sefyll yn gadarn dros eu ffydd.
Diolchwn am ddylanwad eu tystiolaeth ar fywyd dynion:
dylanwad sy'n aros hyd heddiw.

Diolchwn am bob aelod o CWM sy'n gweithio oddi cartref heddiw,
ac am fudiadau fel Cymorth Cristnogol,
sydd yn ceisio goresgyn newyn a thlodi'r byd.
Gweddïwn dros bawb sy'n gweithio mewn mannau anodd.
Nertha hwy i beidio â digalonni,
ond yn hytrach i ddal ati yn y gras sydd ynot Ti.

Diolchwn am bawb sy'n gweinidogaethu o fewn dy Eglwysi heddiw,
heddiw pan mae prinder gweithwyr yn y winllan.
Maddau bopeth yn ein trefniadau sydd yn rhwystr i waith dy deyrnas,
ac yn rhwystr i rai glywed dy alwad.
Rho hyder newydd i'th Eglwys i wynebu'r dyfodol, gan wybod mai
'ffyddlon i'w addewid fry, yw'r hwn a fu'n sylfaenu'r tŷ.'

Diolchwn yn arbennig
am y weinidogaeth ymysg yr ifanc,
ac am y rhai sy'n defnyddio'u doniau
i arwain a threfnu'r gwaith ymysg ieuenctid yr eglwysi.
Diolchwn am y canolfannau a'r mudiadau
a drefnwyd ar gyfer y gwaith pwysig hwn,
am bawb sy'n gweithio ynddynt.

Cyflwynwn i Ti Ysgolion Sul ein gwlad,
a diolchwn am yr holl athrawon ymroddedig
sy'n rhoi o'u hamser a'u gallu i arwain
er mwyn dod ag eraill atat.

Gofidiwn, Arglwydd,
am y gwrthgilio a'r lleihad yn nifer y plant sy'n mynychu eglwysi Cymru,
a gweddïwn am i'r difaterwch a'r pwyslais ar fateroliaeth leihau
ac i Ti blannu yng nghalonnau ein hieuenctid yr awydd i'th ddarganfod Di
yn a thrwy ein Harglwydd Iesu Grist.

Gofynnwn i Ti fendithio dy weithwyr ym mhob rhan o'r gwaith,
sydd mewn caledi heddiw,
i waredu'r rhai sydd mewn perygl oherwydd eu ffydd,
ac i dderbyn i'th freichiau y rhai sydd mewn gorthrymder.
Cynnal y rhai sy'n dioddef er mwyn y gwir,
ac yn cael eu herlid a'u casáu am bregethu dy Air Di.
Cadarnha y rhai sy'n cael eu llethu
gan ymdeimlad o annigonolrwydd personol ar gyfer y gwaith.

Lle mae ofn, dyro olwg ar dy gariad.
Lle mae casineb, dyro brofiad o'th raslonrwydd.
Lle mae dial, bydded sôn am dy faddeuant.

Gwared ni oll rhag pob digalondid a thristwch,
a llanw ni â gobaith a llawenydd.
Dysg ni i oresgyn ein pryderon trwy ganmol d'addewidion
ac i drechu pob gormes trwy gofio dy ffyddlondeb.

'Pan fyddi'n mynd drwy'r dyfroedd, byddaf gyda thi; a thrwy'r afon, ni ruthrant drosot. Pan fyddi'n rhodio drwy'r tân, ni ddeifir di, a thrwy'r fflamau, ni losgant di.'

Helpa ni i gofio mai ein braint ni yw i ledaenu'r Efengyl
a bugeilio dy braidd yn ein bro ac yn dy fyd.
Ti, O! Dduw,
sydd wedi galw gwŷr a gwragedd i gyhoeddi'r Efengyl ym mhob oes,
Ti sydd wedi eu paratoi mewn cariad ar gyfer y gwaith.
Gwna ni yn dystion ffyddlon i Ti
er gwaethaf pob storm a ddaw ar ein traws.
Dysg ni i ddysgu eraill am Iesu Grist drwy ein geiriau a'n hesiampl.

Helpa ni i fanteisio ar bob cyfle i'th wasanaethu Di
a'r rhai sydd o'n hamgylch.
Gwasgara'n hamheuon.
Cadarnha'n ffydd.
Ysbrydola ni i gyflawni gweithredoedd mawr yn dy enw,
drwy gyfrwng Efengyl ein Harglwydd a'n Gwaredwr Iesu Grist.
Amen.

GWEDDI DROS YR IFANC A'R EFENGYL

O! Dduw Dad,
Gwneuthurwr a Chrewr y byd rhyfeddol hwn,
ceisiwn Di yn awr gan ofyn am dy arweiniad.

Deuwn atat gan ganmol
dy ofal a'th gariad grasol
sy'n ein cynnal a'n harwain i gyfeiriad yr hyn sydd dda,
dyrchafol ac aruchel.

Gweddïwn yn arbennig ar ran pobl ifainc ein gwlad a'n byd
ar iddynt gael eu harwain gan yr Efengyl.

Ymbiliwn ar i Ti warchod a chyfarwyddo pobl ifainc ym mhob man,
yn enwedig pan fo blinder, ofn, temtasiwn ac ansicrwydd yn eu rhwystro.

Cofiwn i Iesu ein galw i ofalu am ein gilydd,
o fewn cylch yr eglwys ac o'r tu allan iddi.
Gweddïwn am i Ti lwyddo'r hyfforddiant a roddir i'r ifanc
mewn Clybiau Ieuenctid Cristionogol
ac am y rhai sy'n arwain a hyfforddi ynddynt.

Maddau i rywrai sy'n feirniadol
o'r ifanc a'u hymdrechion:
rhywrai sy'n barotach i gondemnio a gweld bai,
nag ymgymryd â'r gwaith o geisio deall a charu,
a sylweddoli mai'r eiddo'r ifanc yw'r dyfodol.

Gweddïwn dros blant a theuluoedd byd sydd
yn newynog a digartref,
yn ofnus,
yn unig,
mewn poen ac afiechyd,
yn ddiymgeledd a diobaith,
a deisyfwn fod i'th gariad Di ddod yn hysbys iddynt.

Diolchwn am y gobaith sydd yn dy Air
i bobl ifainc, fel i bawb.
A diolchwn am y newyddion da fod Iesu yn ein caru.

Gwrando, Arglwydd, ar ein gweddi.
Hyrwydda dy genhadaeth fawr
yn ein gwlad fach ni,
a thrwy'r byd.

Derbyn ni fel yr ydym,
a maddau i ni ein gwendidau,
yn enw Iesu Grist ein Harglwydd a'n Gwaredwr.
Amen.

Dyma lle gweithiwn ni drwy
GYNGOR Y GENHADAETH FYD-EANG

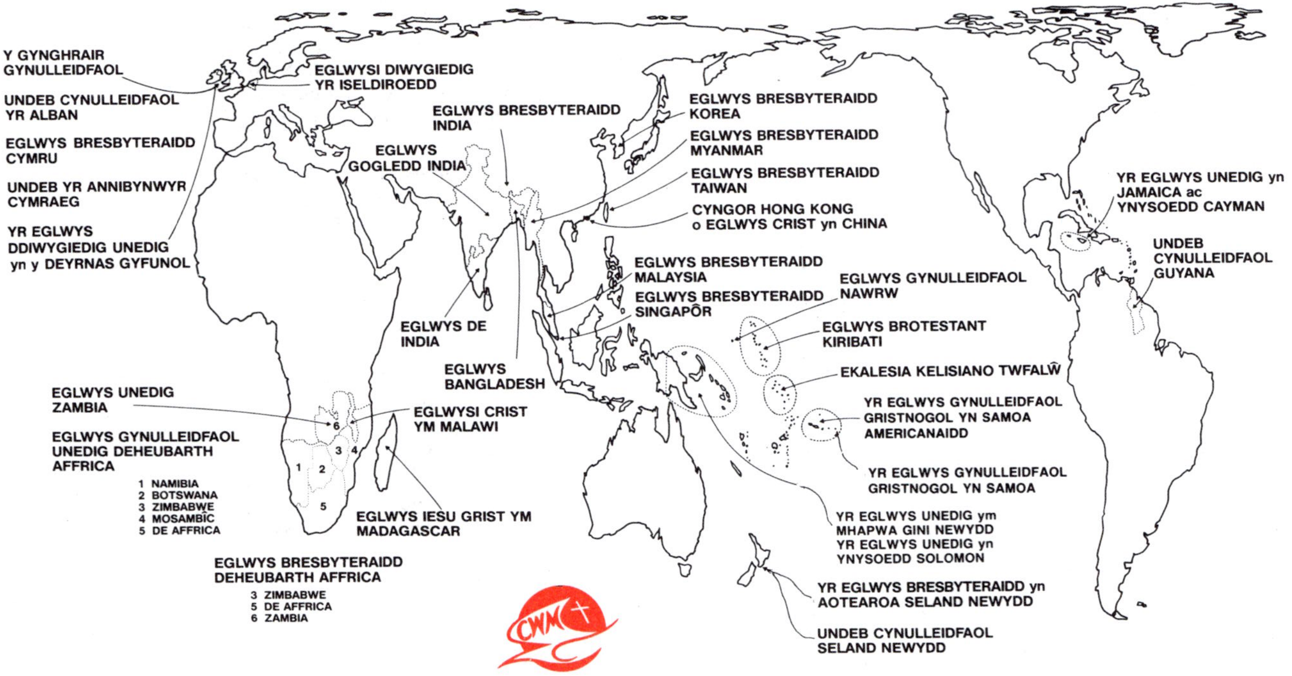

- Y GYNGHRAIR GYNULLEIDFAOL
- UNDEB CYNULLEIDFAOL YR ALBAN
- EGLWYS BRESBYTERAIDD CYMRU
- UNDEB YR ANNIBYNWYR CYMRAEG
- YR EGLWYS DDIWYGIEDIG UNEDIG yn y DEYRNAS GYFUNOL
- EGLWYS UNEDIG ZAMBIA
- EGLWYS GYNULLEIDFAOL UNEDIG DEHEUBARTH AFFRICA
- EGLWYS BRESBYTERAIDD DEHEUBARTH AFFRICA
  1. NAMIBIA
  2. BOTSWANA
  3. ZIMBABWE
  4. MOSAMBIC
  5. DE AFFRICA
  3. ZIMBABWE
  5. DE AFFRICA
  6. ZAMBIA
- EGLWYS IESU GRIST YM MADAGASCAR
- EGLWYSI CRIST YM MALAWI
- EGLWYS BANGLADESH
- EGLWYS DE INDIA
- EGLWYS GOGLEDD INDIA
- EGLWYSI DIWYGIEDIG YR ISELDIROEDD
- EGLWYS BRESBYTERAIDD INDIA
- EGLWYS BRESBYTERAIDD KOREA
- EGLWYS BRESBYTERAIDD MYANMAR
- EGLWYS BRESBYTERAIDD TAIWAN
- CYNGOR HONG KONG o EGLWYS CRIST yn CHINA
- EGLWYS BRESBYTERAIDD MALAYSIA
- EGLWYS BRESBYTERAIDD SINGAPÔR
- EGLWYS GYNULLEIDFAOL NAWRW
- EGLWYS BROTESTANT KIRIBATI
- EKALESIA KELISIANO TWFALŴ
- YR EGLWYS GYNULLEIDFAOL GRISTNOGOL YN SAMOA AMERICANAIDD
- YR EGLWYS GYNULLEIDFAOL GRISTNOGOL YN SAMOA
- YR EGLWYS UNEDIG ym MHAPWA GINI NEWYDD
- YR EGLWYS UNEDIG yn YNYSOEDD SOLOMON
- YR EGLWYS BRESBYTERAIDD yn AOTEAROA SELAND NEWYDD
- UNDEB CYNULLEIDFAOL SELAND NEWYDD
- YR EGLWYS UNEDIG yn JAMAICA ac YNYSOEDD CAYMAN
- UNDEB CYNULLEIDFAOL GUYANA

CENHADON YNG NGWASANAETH CYNGOR Y GENHADAETH FYD-EANG

Eglwys/Enwad sy'n anfon	Enwau	Eglwys/Enwad sy'n derbyn	Gwaith
EBC	Miss. Carys Humphreys	EBT	Gweinyddu
	Parchg. Janice Jones	EGUDA(Zimbabwe)	Gweinidog
	Mr. Huw Jones	EGUDA(Zimbabwe)	Addysg
EBI	Parchg. a Mrs. Hmar Sangkhuma	UAC	Ysgogydd Cenhadol
	Parchg. a Mrs. Zaidarhzauva	EBT	Gweinidog
EBK	Parchg. a Mrs. Kim Dea Yoong	EGUDA/EBDA	Gweinidog
EBT	Miss. C.W. Chen	EDdU	Gwaith Ieuenctid
Eciw	Mr. G. Dovydaitis	EBrotK	Addysg
	Mrs. E. Dovydaitis	EBrotK	Addysg
	Mr. S. Ewurum	EBrotK	Addysg
	Mr. F. Beaumont	EBrotK	Addysg
	Parchg. Ddr. a Mrs. Bwalya	Botswana/Chuba	Addysg Ddiwinyddol
	Parchg. Samuel Premph	Caplan ym Mhrifysgol Caeredin	
	Miss. Gillian Rose	EB	Meddygol
	Mr. J. a Mrs. A. Hogg	EUZ	Swyddog Prosiectau
	Dr. S. Tan	China	Addysg Ddiwinyddol
	Mr. R. a'r Parchg. F. Austin	EB	Addysg a Datblygiad
	Mr. Andrew a Mrs. Rosemary Symonds	EB	Addysg Ddiwinyddol
	Dr. A. Lee	Prifysgol Caergrawnt	Ymchwil Caergrawnt
	Parchg. Malcolm Smith	EBCA	Gweinidog
EDIsel	Parchg. Baarthout a Mrs. Gijsje Baak	EB	Addysg Ddiwinyddol
	Miss. Jet Den Hollander	EUJYC	Ysgrifennydd Cenhadaeth
	Parchg. Christophorus a Mrs. A. Weijs	EGUDA(Botswana)	Datblygu Cymunedol
	Miss. Els Brouwer	EUJYC	Addysg Ddiwinyddol
	Mrs. Irene Plomp	EB	Meddygol

Eglwys/Enwad sy'n anfon	Enwau	Eglwys/Enwad sy'n derbyn	Gwaith
	Parchg. Christophorus a Mrs. A. Weijs	EGUDA(Botswana)	Datblygu Cymunedol
	Miss. Els Brouwer	EUJYC	Addysg Ddiwinyddol
	Mrs. Irene Plomp	EB	Meddygol
	Mrs. J. Gosker	EB	Meddygol
EDdU	Parchg. Christopher a Mrs. Carol Baillie	EUJYC	Gweinidog
	Miss. Alison Gibbs	EKT	Addysg
	Parchg. Derek a Mrs. Lai Leng Kingston	EBS	Gweinidog
	Mr. Martin a Mrs. Tara Vickerman	EGGS	Addysg
	Mr. Stephen a Mrs. Hardy Wilkinson	FJKM	Addysg a Gwaith Cymunedol
	Parchg. M. Cressey	EGGS	Addysg Ddiwinyddol
	Dr. P. Cressey	EGGS	Addysg Feddygol
EGA	Dr. Leslie a Mrs Betty Robinson	EDI	Meddygol
EGUDA	Parchg. a Mrs. Prince Dibeela	EDdU(Botswana)	Ysgogydd Cenhadol
EUJYC	Parchg. M. Lewis-Cooper	EDdU	Datblygiad
EUPGN	Parchg. Touta a Mrs. Winnie Gauga	UCG	Gweinidog
	Parchg. Bedero a Mrs. Kiragi Noga	EUJYC	Gweinidog
	Parchg. William a Mrs. Reah Numa	EUJYC	Gweinidog
EUYS	Mr. a Mrs. J. Hopa	EKT	Addysg
	Mr. Joseph Painteitala	EBrotK	Addysg
	Mrs. Bessie Painteitala	EBrotK	Addysg
EUZ	Parchg. a Mrs. Mackeson Mutale	EGUDA(Botswana)	Gweinidog
	Mr. Andrew Muwowo	EB	Addysg
EDI	Parchg. Joseph a Mrs. Shanthakumari Lawrence	EUJYC	Gweinidog
	Mr. R. Rajendran	EBrotK	Rheolaeth
	Dr. C. Lawrence	EUJYC	Addysg Ddiwinyddol
	Mr. J.S.D. Ponnusamy	EDdU	Addysg Ddiwinyddol
FJKM	Mr. Samuel Ramboanjanahary	EUYS	Addysg

Eglwys/Enwad sy'n anfon	Enwau	Eglwys/Enwad sy'n derbyn	Gwaith
	Mrs. Parfaite Ramboanjanahary	EUYS	Deintyddiaeth
	Miss. A. Ralison	EDdU	Gwaith Cymunedol
EB	Eglwys Bangladesh		
EBC	Eglwys Bresbyteraidd Cymru		
EBCA	Eglwys Bresbyteraidd Canolbarth Affrica		
EBDA	Eglwys Bresbyteraidd Deheubarth Affrica		
EBI	Eglwys Bresbyteraidd India		
EBK	Eglwys Bresbyteraidd Korea		
EBrotK	Eglwys Brotestant Kiribati		
EBS	Eglwys Bresbyteraidd Singapôr		
EBT	Eglwys Bresbyteraidd Taiwan		
Eciw	Eciwmenaidd		
EDI	Eglwys De India		
EDisel	Eglwysi Diwygiedig yr Iseldiroedd		
EDdU	Eglwys Ddiwygiedig Unedig yn y Deyrnas Gyfunol		
EGA	Eglwys Gynulleidfaol Gristionogol Samoa		
EGUDA	Eglwys Gynulleidfaol Unedig Deheubarth Affrica		
EKT	Eglwys Twfalw		
EUJYC	Eglwys Unedig Jamaica ac Ynysoedd Cayman		
EUPGN	Eglwys Unedig Papwa Gini Newydd		
EUYS	Eglwys Unedig Ynysoedd Solomon		
EUZ	Eglwys Unedig Zambia		
EDI	Eglwys De India		
FJKM	Eglwys Iesu Grist ym Madagascar		
UAC	Undeb yr Annibynwyr Cymraeg		
UCG	Undeb Cynulleidfaol Guyana		